Peter Kramer

Messerwerfen wie die Profis

WIELAND

Peter Kramer

Messerwerfen wie die Profis

1. Auflage, 2018

ISBN 978-3-938711-87-3

Wieland Verlag GmbH, Rosenheimer Straße 22, D-83043 Bad Aibling
Telefon 08061/38998-0, Fax 08061/38998-20
www.wieland-verlag.com
info@wieland-verlag.com

Fotos: Peter Kramer, Holger Reiff, Frank Salonius, Richard Sunderland
Umschlaggestaltung: Caroline Wydeau
Layout: Buch-Werkstatt GmbH, Bad Aibling

Druck: Print Consult

Printed in EU

Inhalt

Anmerkung zur Anrede

Da unter Messerwerfern das freundschaftliche Du gilt, wird es auch in diesem Buch als Anrede des Lesers verwendet. Messerwerfer sind eine Gemeinschaft, und der Leser ist herzlich eingeladen, Teil dieser Gemeinschaft zu werden.

»Out of the east on an irish stallion came bounty hunter Dan.
His heart quickened and burdened by the need to get his man.
He found Pete peacefully fishing by the river, pulled his gun and got the drop.
He said »Pete you think you've changed but you have not!«
He cocked his pistol pulled the trigger an shouted »Let it start!«
Pete drew a knife from his boot, threw it and pierced Dan through his heart.
Dan smiled as he lay in his own blood dying in the sun,
whispered in Pete's ear »We cannot undo these things we've done.«
You're Outlaw-Pete, you're Outlaw-Pete, can you hear me?«

Aus dem Osten kam Kopfgeldjäger Dan auf einem irischen Hengst geritten.
Sein Herz war ihm schwer und es schlug schnell, weil er seinen Mann ergreifen wollte.
Er fand Pete friedlich fischend am Fluss, zog sein Gewehr und zielte.
Er sagte: »Pete, du denkst, du hast dich verändert, aber das hast du nicht!«
Er legte an, spannte den Hahn und rief: »Fangen wir an!«
Pete zog ein Messer aus seinem Stiefel, warf es und durchbohrte Dans Herz.
Dan lächelte, als er sterbend unter der Sonne in seinem eigenen Blut lag.
Flüsterte Pete ins Ohr: »Wir können diese Dinge nicht rückgängig machen, die wir getan haben.
Du bist Outlaw-Pete, du bist Outlaw-Pete, kannst du mich hören?«

Bruce Springsteen: »Outlaw-Pete«

Vorwort

Ein wahrhaft grimmig-blutiger Showdown in einem großartigen Springsteen-Song, stimmt's? Dabei hat dieses Duell zwischen meinem Namensvetter »Pete« und dem Kopfgeldjäger Dan zum Glück nur sehr wenig mit der Wirklichkeit des sportlichen Messerwerfens zu tun. Über eine geraume Zeit habe ich mit dem Gedanken gespielt, dieses Buch zu verfassen, das du jetzt in deinen Händen hältst. Was mich zuerst einmal davon abgehalten hat, war die Tatsache, dass es ja bereits ein gutes Handbuch zum Messer- und Axtwerfen auf dem deutschen Markt gibt, das mein sehr geschätzter Werferfreund Dieter Führer im Jahr 2010 geschrieben hat.

Doch bereits bei der Niederschrift der ersten Zeilen stellte ich fest, dass sich beide Werke hervorragend ergänzen, denn Dieters und meine jeweiligen sportlichen Biografien zeigen auch einige Unterschiede und differenzierte Schwerpunkte. Als ich mit Dieter über mein Vorhaben sprach, ermutigte er selbst mich dazu, damit weiterzumachen. Es gibt ja schließlich auch nicht nur ein Buch über den Schwimmsport. Das Endergebnis bestätigt mich umso mehr in meiner Annahme: Ich habe mich nach Kräften bemüht, weitere Aspekte unseres Sports genauer zu beleuchten und andere Gesichtspunkte – zum Beispiel die eigene Herstellung eines Wurfmessers oder das Doppelaxtwerfen – nicht zu wiederholen, da man sie in Dieters Buch bereits vorfindet.

In Amerika hat das sportliche Messer- und Axtwerfen bereits eine deutlich längere Tradition als bei uns in Europa und speziell in Deutschland, denn dort kommt unser Sport ursprünglich her. Daher gibt es in den Staaten auch eine größere Zahl an Fachbüchern, die jedoch bislang nie ins Deutsche übersetzt worden sind. Schon die Trapper des frühen 19. Jahrhunderts übten sich in der Geschicklichkeit des Präzisionswurfs mit ihren Gebrauchsmessern und Äxten, um sich draußen in der freien Natur die Zeit zu vertreiben und miteinander zu messen. Dieser noch urtümliche sportliche Wettbewerb, der so genannte Mountainman-

Contest, wird auch heute noch nach dem alten, überlieferten Regelwerk durchgeführt.

Hier bei uns im europäischen Raum kennt man das Messerwerfen im Allgemeinen entweder aus Wildwest- oder Abenteuerfilmen, darüber hinaus noch aus Zirkus- und Varietéshows. Ich selbst bin in meiner frühen Jugend ebenfalls als kleiner Wildwest-, Tarzan- und Indianerfilmfan zum Messerwerfen gekommen, weil die Jungs in den Filmen das eben immer so gut konnten. Es sah toll, »cool« und spektakulär aus, und ich wollte auch unbedingt lernen, wie es geht.

Das führte dazu, dass ich mir, so dann und wann, heimlich die langen Küchenmesser meiner lieben Mutter ausgeliehen habe, um damit auf den Birnbaum in unserem Garten zu werfen. Ich wusste es damals nicht besser, und wirklich gut fand diese Art der sportlichen Betätigung letztendlich niemand, weder meine Mutter, noch der Baum – und erst recht nicht die Küchenmesser, die dadurch mehr leiden mussten als bei der Küchenarbeit.

Man kann sich denken, dass aus diesem Grund von Seiten meiner Eltern keine aufbauenden Worte des Lobes oder der Anerkennung meiner »sportlichen Leistungen« zu vernehmen waren, sondern eher regelmäßiger Ärger auf mich zukam – eigentlich ja vollkommen zu Recht. Doch im Zuge dieser frühen Erfahrungen als »Junior-Messerwerfer« stellte ich zumindest zweierlei Dinge fest, nämlich dass die Sache erstens einen unglaublichen Spaß macht und ich zweitens offenbar eine gewisse Begabung dafür mitbrachte, denn die meisten Würfe, »freestyle« aus Entfernungen von zwei bis etwas über fünf Metern geworfen, gingen mir recht gut von der Hand. Mein erstes Pfadfindermesser, das ich dann im Alter von etwa 14 Jahren besitzen durfte, erhielt somit ebenfalls zügig die ersten Flugstunden.

Auch zu späteren Zeiten, inzwischen längst dem Kindesalter entwachsen, übte ich immer mal wieder, doch eher unregelmäßig, das Werfen. Die Gelegenheiten dazu boten sich an einsamen Sandstränden oder auf abgelegenen Waldlichtungen. Das wäre wahrscheinlich ewig so weiter gegangen, aber 2004 stellte ich dann rein zufällig beim Surfen im

Internet fest: Du bist ja gar nicht allein mit deinem Spleen! Was für eine Offenbarung! Da gab es noch mehr Messerwurf-Verrückte wie mich, und die halten sogar Werfertreffen und Wettbewerbe auf europäischer Ebene ab!

Es dauerte ein weiteres Jahr des Trainings und der Vorbereitung, bis ich an meinem ersten Wettkampf (Großes Europäisches Werfertreffen 2005 in »Pullman City«, einer Westernstadt in der Nähe von Passau) teilnahm. Am Ort angekommen, traf ich ausnahmslos auf extrem sympathische Gesellen. Damals war keine einzige Frau unter den Teilnehmern, und auch bis heute ist das Sportwerfen nach wie vor zu rund 85 Prozent Männersache, ein »Große-Jungs-Ding« halt. Aber die Frauen holten innerhalb der jüngeren Vergangenheit auf, und mittlerweile ist ihre Zahl so stark angewachsen, dass es seit 2008 eine gesonderte Frauenwertung in den Wettbewerben gibt. Ich lernte tolle Typen jedweder Herkunft kennen, mit einer Vielzahl weiterer Interessen, Ambitionen und Hobbys. Ehemalige Elitesoldaten und Polizisten, Wildwestfans, Kampfsportler, Lehrer, Hufschmiede, Kunstreiter, Bogenschützen, Informatiker, Kaufleute, Künstler, Ingenieure und Handwerker – wir sind in der Tat ein ziemlich bunter Haufen.

Seit diesen Tagen bin ich mit großer Freude ein Teil der Szene und konnte während des vergangenen Jahrzehnts Freundschaften rund um den Globus schließen und pflegen. Denn eine Sache haben wir alle gemeinsam: Großes Vergnügen am Wurf mit Stahlwaren und eine ultimative Begeisterung für das Messer, einem der ältesten Werkzeuge der Menschheitsgeschichte.

Gegenwärtig ist hierzulande noch immer das Bild der Drehscheibe mit der davor drapierten, leicht bekleideten Dame ein Klischee, mit dem wir Sportwerfer in der täglichen Praxis zu kämpfen haben. Da ist noch eine Menge Arbeit zu tun, die ich schon beinahe als »Entwicklungshilfe« bezeichnen möchte. Sportliches Messer- und Axtwerfen ist jedoch, auf den Punkt gebracht, ein phantastischer und anspruchsvoller Präzisionssport – die Briten nennen ihn deswegen treffend einfach nur »target sport« = Zielscheiben-Sport. Ganz abseits von reißerischen Showelementen kann man das sportlich orientierte Messerwerfen mit dem Bogenschießen oder dem Sportschießen mit Projektilwaffen vergleichen.

Wir Sportwerfer stehen in einer exakt bemessenen Distanz zum Wurfziel und sind bemüht, die im Durchmesser zehn Zentimeter kleine, schwarze Mitte der Zielscheibe zu treffen und dafür dann fünf Punkte zu erhalten, unsere Maximalwertung. Am Ende des Wettbewerbs stehen dann objektiv messbare, klare Ergebnisse und Punkte, die dem Vergleich mit anderen Mitstreitern ebenso standhalten wie bei den Schützen im Schützenverein des Nachbarortes.

Eigentlich ist die Sache ganz einfach, und diese Einfachheit verleiht dem sportlichen Messerwerfen andererseits beinahe einen Hauch von Zen: Es gibt nur das »Hier und Jetzt«, den Werfer, die Wurfwaffe und das Ziel, mehr nicht. Diese Tatsache bewirkt, im Gegensatz zu manch anderen Sportarten – bei denen man nach einer gewissen Zeit froh ist, wenn die anstrengende Trainingseinheit sich endlich dem Ende neigt – dass man mit dem Werfen am liebsten gar nicht mehr aufhören möchte.

Das Erlernen des Messer- und Axtwerfens selbst ist beileibe keine Hexerei. Wie in jedem Sport, so baut sich auch das sportliche Werfen systematisch auf, von leichteren Basisübungen bis hin zu schwierigen und anspruchsvollen Würfen aus großen Distanzen auf kleine Ziele. Und da ist auch der deutliche Unterschied zu den Showwerfern in Zirkus und Varieté zu erkennen, die aus relativ kurzen Distanzen, das heißt zwischen zwei und drei Metern Entfernung, verblüffend präzise Treffer landen.

Wir Sportwerfer bewegen uns bei unseren Standardwettbewerben in Entfernungen von bis zu sieben Metern, bei russischen Contests sogar neun Metern Distanz von der Wurfscheibe entfernt. Das macht die Sportwerferei für den Zuschauer sehr interessant, spektakulär und attraktiv. Mit der Wurfaxt geht's sogar noch weiter weg: in die Zehn-Meter-Region.

Das Schöne daran ist: Es gibt kaum Altersgrenzen oder sonstige Limits. In den USA gibt es einen Werfer, der im Rollstuhl seine Wettkämpfe bestreitet. Und das nicht etwa abseits der allgemeinen Wettbewerbe in einer Art paralympischer Sonderwertung, sondern mitten im Geschehen und im direkten Vergleich mit den anderen Sportlern ohne Handicap. Wenn du also eine gewisse Basisbegabung für Wurfbewegungen mitbringst, so wirst du auch das sportliche Messer in seinen Grundzügen recht schnell lernen. Das bedeutet zum Beispiel, du triffst mit einem Tennisball aus gut drei Metern Entfernung einen Putzeimer. Schaffst du das? Dann mal los, Aufnahmeprüfung bestanden! Herzlich willkommen in meiner Welt!

Peter Kramer

Danksagung

Für Jerry (+ 06.12.2016), Dieter, Werner, Walter, Norbert, Gregor, Christian, Daniel, Frank, Markus, Roland, Michael, Kari und Frank Salonius, Adam, Jan, Duri, Little John, Richard, Dan »the man«, Jiri, Stany, Pierre, Jonathan, Michel »Le Bison Fou«, Philippe, Pascal, Benjamin, Jean-Pierre, Bruno, Geronimo, Americo, Gaetano, Oronzo … und alle anderen lieben Freunde, die mir in diesem Moment gerade nicht einfallen. Ihr seid alle einsame Klasse!

1

Das Wurfmesser als Sportgerät

»Sind das eigentlich Trickmesser, die immer steckenbleiben?«
(Frage eines interessierten Jungen nach einer meiner Wurfdemonstrationen)

Die richtige Auswahl

Aus rein logischen Gründen fange ich an diesem Punkt, also direkt zu Beginn, zunächst mit der Abhandlung unserer Sportwaffen an, denn erst wenn du genauer Bescheid weißt, mit welchem Material wir es in unserem Sport zu tun haben, kannst du dir auch viel besser vorstellen, wie das sportliche Werfen selbst funktioniert. Was dem Radsportler seine Rennmaschine, dem Bogenschützen sein Präzisionsbogen oder dem Sporttaucher eine gute Maske, Flossen und Schnorchel sind, das bedeuten für uns Wurfsportler eben unsere Messer. Sie sind unsere Sportausstattung und Basisausrüstung.

Und direkt zu Beginn möchte ich nur zu deiner Beruhigung anmerken, dass das Messerwerfen unter dem rein finanziellen Aspekt ein eher preiswerter Sport ist. Die Anschaffung dreier qualitativ guter und tauglicher Wurfmesser liegt im Bereich von rund 100 Euro als Richtwert und bringt damit sicherlich keinen Interessenten unmittelbar an den Rand des finanziellen Ruins. Dabei sei außerdem angemerkt, dass diese Anschaffung wahrscheinlich einmalig ist, denn ein gutes Wurfmesser »verbraucht« sich über lange Jahre nicht, auch bei häufiger, regelmäßiger Verwendung als Sportgerät – immer ein wenig Vernunft im Training und etwas Materialpflege vorausgesetzt. Was bei uns Sportwerfern eher etwas ins Geld geht, ist die Reiserei quer um den Globus zu unseren jährlich stattfindenden Wettkämpfen, internationalen Meisterschaften und Werfertreffen. Handwerklich begabte Sportler fertigen ihre Wurfmesser häufig sogar selbst an, doch für den Anfang lasse ich diesen Aspekt einmal außen vor.

Nahezu jede Sportart erfordert eine Grundausstattung mit dem notwendigen Gerät, bei uns Sportwerfern sind es eben die Wurfwaffen. Die allererste Prämisse beim Kauf eines guten Wurfmessers sollte deswegen sein: »Ich bin zu arm, um Schrott zu kaufen!«

Wie sollte ein vernünftiges Wurfmesser nun beschaffen sein? Vor dem Hintergrund der rein sportlichen Ausübung hat ein Wurfmesser die einzige Aufgabe, nach einem geglückten Wurf mit dem unverwechselbaren Geräusch, der so ähnlich klingt wie der Aufschlag beim Tennis (»Thunk!« bei weichem Holz oder auch »Tschock!« in etwas härterem) in die Wurfscheibe zu »beißen« und am Ende dort stecken zu bleiben. Zu nichts anderem muss unser Wurfmesser geeignet sein. Es handelt sich also bei dieser Messerform in der Tat vielmehr um ein Sportgerät als um eine Waffe, was sich schon daran zeigt, dass die Klingen an den Schneiden bei den meisten Messermodellen aus praktischen Gründen vollkommen stumpf sind.

Um einen wichtigen und geradezu essenziellen Gesichtspunkt unserer benötigten »Hardware« einmal genauer zu beleuchten, lade ich dich jetzt zu einem kurzen Gedankenexperiment ein: Stell dir vor, du hast vor dir auf dem Tisch nebeneinander einen Tischtennisball (superleicht!) und einen Vollgummiball liegen (ordentlich Masse und 300 Gramm Gewicht). Deine Aufgabe lautet nun: Suche dir spontan einen dieser beiden Bälle aus, mit dem du dann so weit, gezielt und fest werfen möchtest, wie es dir nur irgend möglich ist. Für welchen Ball wirst du dich entscheiden? Ist deine Wahl vernünftig? Denk nach!

Eine Tatsache ist am Ende doch völlig klar: Der Tischtennisball mag zwar sehr leicht sein, doch macht dies den Wurf damit nicht wirklich leichter. Den massiven Gummiball hingegen schleuderst du dagegen wahrscheinlich mit ein wenig Anlauf über 20 Meter weit.

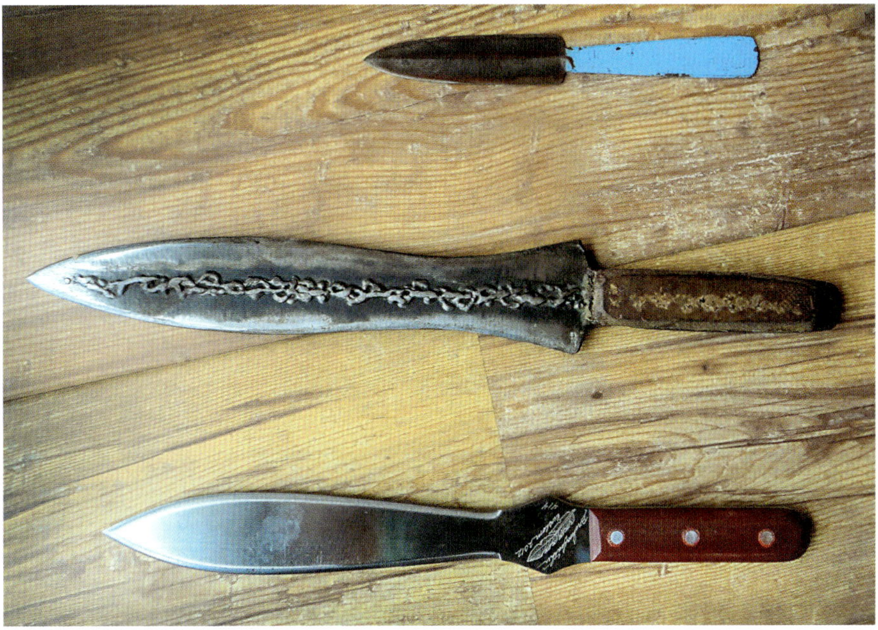

Gegenüberstellung: Minderwertiges Wurfmesser mit zwölf Zentimeter langer Klinge (oben) und zwei hervorragende, funktionelle Wurfmesser: »Kari Salonius Custom Thrower«, 38 Zentimeter (Mitte), und »Joe Darrah Brokenfeather Custom Thrower«, 34 Zentimeter (unten).

Was bedeutet dieses Ergebnis für die Auswahl des richtigen Wurfmessers? Die Antwort ist recht simpel: Ein gutes Wurfmesser braucht Masse und damit eben auch Gewicht, Materialstärke und Länge. Im Umkehrschluss dazu darfst du den überaus zahlreich angebotenen »Leichtmetallschrott« im Handel liegen lassen, der als »ideales Wurfmesser-Starterset superleicht, Edelstahl« und so weiter angepriesen wird. Wie wir gerade gemeinsam herausgefunden haben, darf ein funktionelles Wurfmesser nach Möglichkeit weder zu leicht noch zu klein sein. Was bleibt also übrig?

Wir wissen inzwischen, dass man einen (nicht aerodynamischen) Gegenstand nur dann kontrolliert über weitere Distanzen werfen kann, wenn ein Mindestmaß an Gewicht und damit Masse vorhanden ist. Bezogen auf ein Wurfmesser resultiert dieses Gewicht immer aus einem bestimmten Verhältnis von Länge zu Materialstärke.

Um die Sache auf den Punkt zu bringen, sollte ein gutes Wurfmesser erstens eine Länge von 30 Zentimetern nach Möglichkeit nicht oder nur geringfügig unterschreiten, zum zweiten mindestens 300 Gramm auf die Waage bringen. Besser ist ein Gewicht zwischen 350 und 450 Gramm. Bei unseren Wettbewerben sind ohnehin nur solche Wurfmesser zugelassen, die mindestens 23 Zentimeter lang sind. Eine Längenbeschränkung gibt es übrigens derzeit noch nicht, man könnte also gemäß der momentan gültigen Wettkampfbestimmungen sogar mit einem Schwert werfen, sofern die Klinge nicht breiter als sechs Zentimeter ist. Es wird aber darüber nachgedacht, ein solches Limit einzuführen.

Ein Großteil des im Handel angebotenen Dünnmetalls fällt vor dem Hintergrund dieser Kriterien direkt »durch den Rost«. Natürlich schränken unsere Wettkampfrichtlinien die große Auswahl der auf dem Markt angebotenen Wurfwaffen stark ein, was für dich, dein erfolgreiches Training und letztendlich deinen Geldbeutel allerdings nur von Vorteil sein kann. Meiner Ansicht nach kann man allein anhand des allgemeinen Angebots im einschlägigen Fachhandel recht gut erkennen, dass der Wurfsport in Europa eben noch ein sehr junger Sport ist. Die Auswahl ist riesengroß, doch davon tatsächlich zu gebrauchen sind höchstens fünf Prozent der Ware.

Weiterhin ist von meiner Seite aus ein zusätzlicher und wichtiger Aspekt zu nennen: Es gibt keinen Unterschied zwischen einem »Anfänger«- oder »Starter«-Messer und dem Wurfmesser eines langjährigen Wettkampfwerfers. Im Höchstfall besteht die Differenzierung darin, dass die meisten Wettkampf-Sportwerfer (wie ich selbst auch) irgendwann dazu übergehen, eigene Entwürfe und Kreationen herzustellen oder anfertigen zu lassen, die perfekt auf den Einzelnen und dessen individuelles Wurfverhalten zugeschnitten sind. Das bedeutet für dich: Versorge dich bitte von Beginn an mit einem vernünftigen Sportgerät, denn gute Wurfmesser sind wirklich nicht teuer, wie bereits angemerkt.

Des Weiteren empfehle ich dir, sofort drei oder vier gleiche Messermodelle deiner getroffenen Wahl anzuschaffen, denn das versetzt dich während deines Trainings dazu in die Lage, Serien werfen zu können. Auf diesem Wege kannst du dich sofort an Ort und Stelle kontrollieren und korrigieren, das Ganze ohne einen jeweils unfreiwilligen Unterbrechungsspaziergang zum Wurfziel und wieder zurück, auch wenn es anfangs nur drei Meter sind. Dein Training wird damit erfolgreicher, und die Fortschritte stellen sich einfach schneller ein, auch weil du auf diese Weise in Summe mehr Würfe in der gleichen Trainingszeit schaffen kannst.

Als weiteres Entscheidungskriterium gilt die Klingenhärte. Ein Wurfmesser ist naturgemäß einem rauen und äußerst harten Gebrauch ausgesetzt – deutlich mehr als jedes andere Messer. Und dabei ist der Fehlwurf, also das Aufschlagen des Messers mit dem Griff oder flach mit dem gesamten Messerkörper gegen ein hölzernes Ziel, noch nicht einmal die härteste Belastung für die Wurfwaffe. Letztendlich wäre das auch für ein stabiles Gebrauchs- oder Jagdmesser kein Problem.

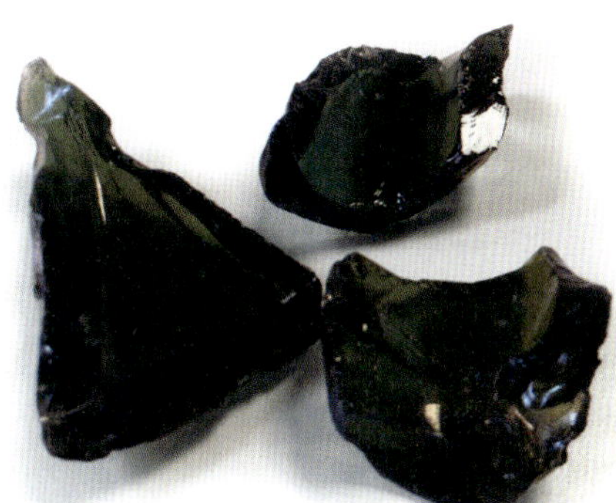

Guter Vergleich: Glas ist äußerst hart, aber deswegen auch sehr zerbrechlich.

Die ultimative Herausforderung für den Wurfstahl ist zum ersten der klassische »Robin-Hood«-Wurf, was bedeutet: Das geworfene Messer kracht exakt auf den Griff eines bereits in der Scheibe steckenden Wurfmessers. Ein fürchterliches, metallisch-krachendes Geräusch, das wir Werfer vermeiden wie der Teufel das Weihwasser! Der zweite Härtetest ist der Aufprall auf Beton- oder Steinboden nach einem Fehlwurf.

Gute Wurfmesser dürfen dabei auf gar keinen Fall zerbrechen. Daher sind Wurfmesserstähle stets ein wenig weicher und elastischer als das Material allgemeiner Gebrauchsmesser. Ein gutes Wurfmesser verbiegt sich aus diesem Grund eher ein wenig, als dass es zerbricht. Die Rockwell-Skala (Härtegrad von Messerklingen) kann deswegen bei der Auswahl eines brauchbaren Wurfmessers gern vernachlässigt werden.

Ich empfehle dir weiterhin, Scharten oder kleine Macken immer sofort nach der Entdeckung dieser minimalen Beschädigungen herauszuschleifen – und dies nicht nur unter dem rein ästhetischen Aspekt. Die Gründe dafür erkläre ich später im Kapitel »Materialpflege«.

Der Schwerpunkt

Viele von euch denken vielleicht gegenwärtig immer noch, dass ein perfekt ausgewogenes Wurfmesser mit optimalem Schwerpunkt wie durch Zauberhand immer mit der Spitze voran stecken bleibt. Es kursieren zahlreiche Mysterien und Legenden um den sagenumwobenen Wurfmesser-Schwerpunkt, dabei ist die Sache im Grunde genommen sehr einfach und auch ohne Physikstudium gut zu verstehen. Aufgrund der Hebelverhältnisse beim Abwurf, die ich zu einem späteren Zeitpunkt nochmals etwas genauer unter die Lupe nehmen werde, beginnt das Messer grundsätzlich nach dem Loslassen erst einmal zu rotieren. Die Kreisbewegung des Wurfarms überträgt sich dabei einfach nur auf die Wurfwaffe. So ähnlich, wie sich auch ein Bumerang nach dem Wurf

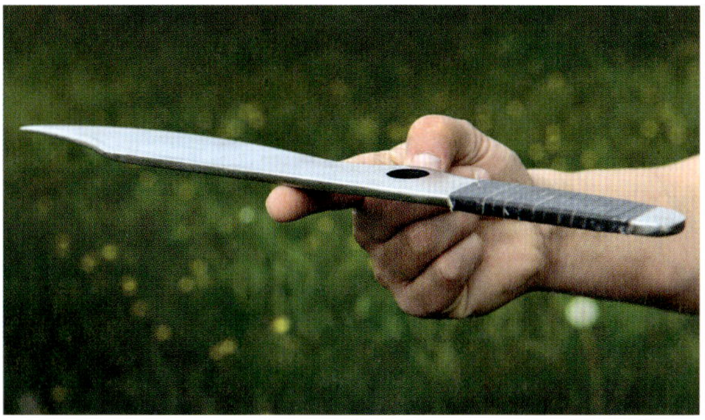

Balance: Der Schwerpunkt eines Wurfmessers sollte etwa in der Mitte liegen.

dreht. Ein auf solche Weise geworfener Gegenstand dreht sich dabei immer um seinen eigenen Schwerpunkt.

Wenn wir den Schwerpunkt unserer Wurfmesser in der relativen Mitte des Messerkörpers finden (Foto oben), so drehen sich die Messer schlicht und einfach immer nur mit gleicher Rotationsgeschwindigkeit. Dabei ist es vollkommen unerheblich, ob man sie vom Griff oder der Klinge (der klassische Wildwest-Wurf, auch dazu später mehr) abwirft. Das erleichtert uns am Ende zwar die Abmessung der Wurfdistanzen, jedoch nimmt uns der mehr oder weniger mittige Schwerpunkt das erfolgreiche, präzise dosierte Werfen und das Training nicht ab. Geringfügige Abweichungen im Millimeterbereich zwischen dem tatsächlichen Schwerpunkt und der gemessenen Mitte des Wurfgeräts können dabei gerne vernachlässigt werden. Das geschieht bereits, wenn man nur die Griffschalen abschraubt. Auf den Wurf selbst hat diese minimale Differenz erfahrungsgemäß nicht die geringsten Auswirkungen.

Die Griffbeschaffenheit

Hier bewegen wir uns in den Bereich der »Geschmackssache«. Grundsätzlich jedoch gilt: Der Griff sollte immer gerade und relativ flach gehalten sein. Schnörkel, Ösen (am besten noch mit Fangriemen!), ein dicker Knauf oder Haken am Griffende führen in der Praxis gerne dazu, dass die Wurfhand an derlei Hindernissen hängenbleibt und das Messer somit anstatt ins Zielholz in den Boden oder himmelwärts fliegt. Ich persönlich bevorzuge Gewebetape, mit dem ich den blanken Stahlgriff umwickle. Sofern du das auch für dich als gute Lösung erkennst, dann bitte ich meine Tipps zur Wicklung weiter hinten zu beachten.

Weiterhin bewährt haben sich flache Griffschalen oder Backen aus Leder, Kunststoff, Aluminium, Holz und Micarta wie auch Wicklungen aus Paracord oder Lederriemen. Das Ganze sollte man stets so einfach wie irgend möglich gestalten, denn die Schalen und Wicklungen sollten leicht auswechselbar sein, da sie, wie das Messer selbst, durch den Trainingsgebrauch einiges aushalten müssen und von Zeit zu Zeit ein Austausch nötig ist. Dabei sollten alle Befestigungsschrauben oder Nieten vollständig im Griffkörper versenkt sein und nicht herausschauen, um beim Abwurf jede Ungleichmäßigkeit durch »Hängenbleiben« zu vermeiden.

Gängige Werfermesser

Meine derzeitigen Favoriten bei den Wurfmessern, die im Handel quasi »von der Stange« zu haben sind (absteigend nach persönlich empfundener Qualität):

1. Der »Jack-Dagger-Thrower« von Cold Steel, entworfen von meinem amerikanischen Freund Jack Dagger, ein in den USA sehr bekannter Messerwurf-Experte – und ein Kerl mit Nerven wie Drahtseilen. So wirft er beispielsweise in seiner Show Messer auf eine kleine Baumscheibe, die seine gutaussehende Assistentin vor den Oberkörper geschnallt hat. Jack trainiert zudem regelmäßig Hollywood-Größen im Messerwerfen.

Als ich 2016 zum ersten Mal dieses Messer in meinen Händen hielt, war meine erster Gedanke: Das wurde ja auch mal Zeit! Denn besser geht es nicht: Eine Länge von über 36 Zentimetern, eine schöne und gefällige Bowie-Klingenform, ein sattes Gewicht und aufgrund dieser Gegebenheiten ein optimales Flugverhalten. Zuletzt liegt dieses Messer im Preis bei unter 30 Euro pro Stück.

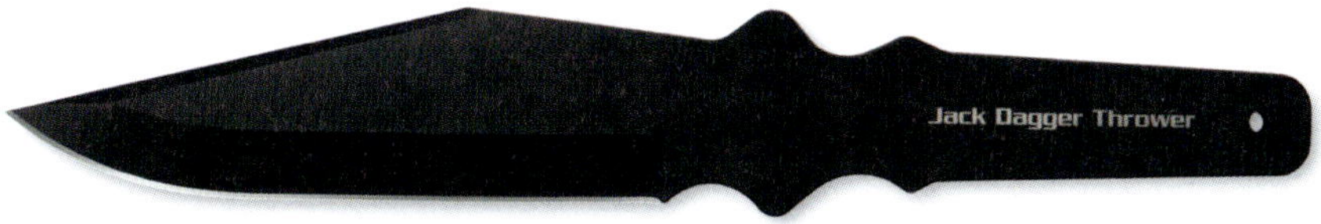

2. Der »Pro Balance Thrower« von Cold Steel: Robust, sattes Gewicht (rund 450 Gramm), gute Länge (34,2 Zentimeter). Damit ist es derzeit für meine Begriffe eines der besten Wurfmesser. Durch die symmetrische Lanzettform und stumpfe Seiten ist es ohne Verletzungsgefahr zu handhaben und daneben äußerst unempfindlich und recht preiswert (unter 40 Euro).

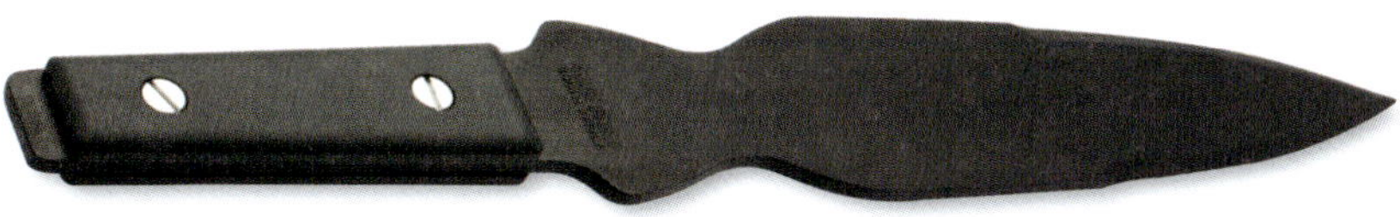

3. Der »Perfect Balance Thrower«, ebenfalls von Cold Steel, mein ehemaliges Wettkampf-Wurfmesser. Gesamtlänge: 34 Zentimeter. Ein zeitgemäßer Nachbau des legendären »Bowie-Axe« von Harry McEvoy aus den 1960er-Jahren mit zufriedenstellendem Gewicht. Ein wenig vorsichtig sollte man im Umgang sein, denn die Schneide ist scharf geschliffen. Um die Verletzungsgefahr zu minimieren, muss man es in den Schraubstock einspannen und mit der Feile oder der Flex die Schneide bis rund sechs Zentimeter vor der Klingenspitze abstumpfen.

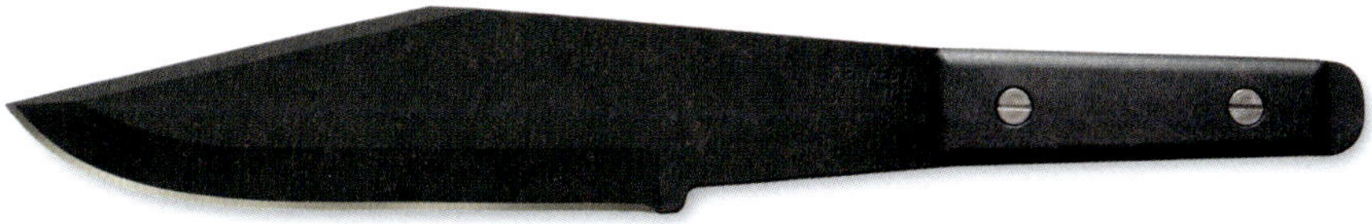

4. Das Condor »Dismissal«: Es ist über 35 Zentimeter lang, dazu preiswert (um die 30 Euro) und besitzt eine handliche, symmetrische Lanzett-Messerform. Das Messer besteht aus einem nicht rostfreien, zähen Carbonstahl.

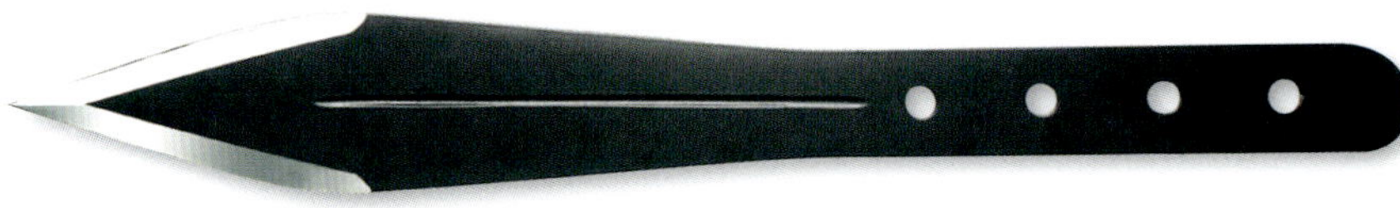

5. Das Haller »Artistenwurfmesser«: 34 Zentimeter lang, ausreichendes Gewicht, sehr angenehm zu werfen. Die Messerspitze ist in der Tat absolut nadelspitz, nur bleibt sie das im rauen Gebrauch nicht allzu lange. Trotzdem ein tolles Wurfmesser.

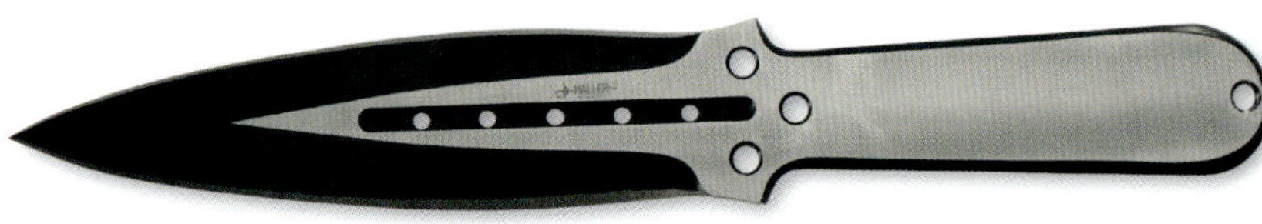

6. Das »Ziel« von John Bailey. Mein amerikanischer Werferfreund John hat das symmetrische Design dieses Modells entworfen: Es besitzt 34 Zentimeter Länge und rund 360 Gramm Gewicht – also alles, was ein gutes Wurfmesser braucht.

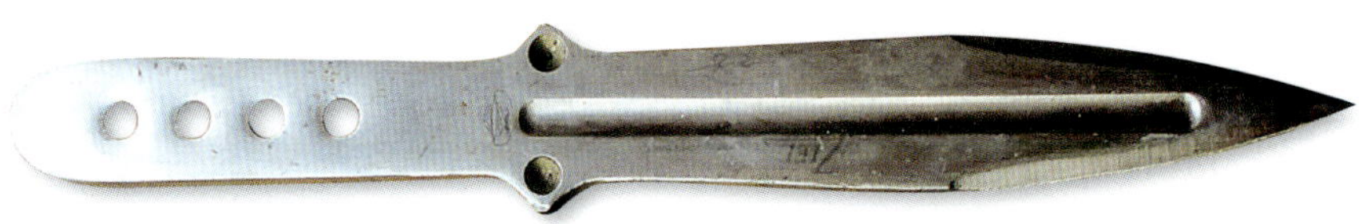

7. Das »Faka« (portugiesisch »Messer«) von Dalmo Mariano aus Brasilien. Mein allererstes Wettkampf-Wurfmesser, überaus einfach konzipiert und aus einem schlichten Stück Flachstahl angefertigt. Immerhin bietet es 36 Zentimeter Länge und knapp 400 Gramm Gewicht. Für meine Begriffe ist die Klinge aber zu dünn. Von der wenig überzeugenden Optik abgesehen, lässt

sich das Messer zunächst mal gut werfen, und meine ersten Erfolge im Wettkampfsport habe ich diesem Modell zu verdanken.

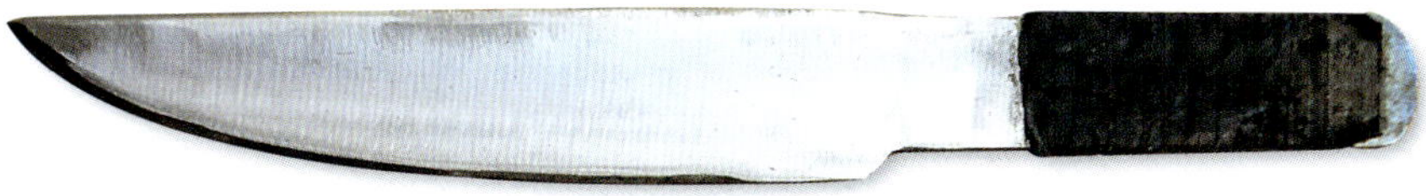

8. Das »Rough-Rider-Bowie«: Form und Länge dieses Wurfmessers kann man beinahe optimal nennen – das Material nur leider nicht. Die Länge ist mit 36 Zentimetern absolut wettkampftauglich, und wäre die Klinge aus einem vernünftigen Stahl gefertigt, so fände sich dieses Messer in meiner Hitliste auf den Plätzen drei oder zwei wieder. Dafür ist es extrem preiswert und eine gute Erstausstattung für das Hineinschnuppern in unseren Sport. Das »Rough-Rider-Bowie« ist bereits ab 18 Euro zu haben.

9. Das »True Flight-Thrower«-Modell von Cold Steel. Mir persönlich ist es mit einer Länge von 30,5 Zentimetern ein wenig zu kurz, und der Griff ist mir zu dick. Man kann es ganz gut von der Klinge aus abwerfen, muss das aber vorher geübt haben, denn auch hier ist die Klinge scharf geschliffen. Als Wettkampfmesser ist es daher nur bedingt geeignet. Alle Cold-Steel-Messer bestehen übrigens aus zähem, nicht rostfreiem Carbonstahl und sind recht robust und unempfindlich. Kleinere Scharten und Macken lassen sich in Sekundenschnelle heraus feilen. Die besten und zähesten Messerstähle sind übrigens nicht rostfrei.

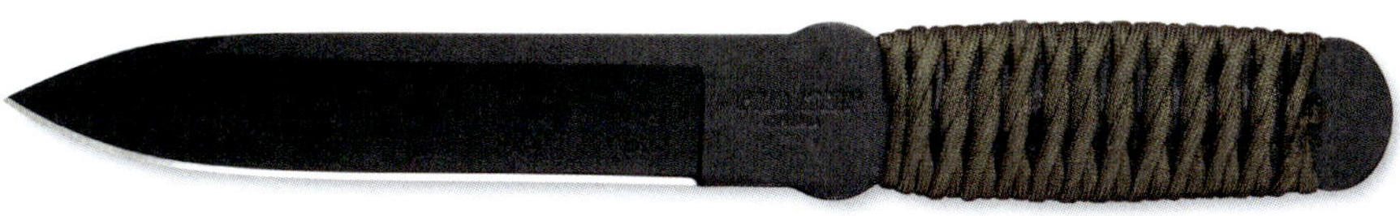

Diese acht Modelle sind Beispiele für Wurfmesser, die in Serie hergestellt werden. Natürlich schlägt sich das in einem günstigen Preis nieder. Generell kann man aber sagen, dass man mit ihnen gut versorgt ist – vor allem zu Beginn einer Werfer-Karriere. Falls man in späteren Jahren über eine ausgefeilte Wurftechnik verfügt, kann man getrost auch ein von Hand gefertigtes Messer werfen.

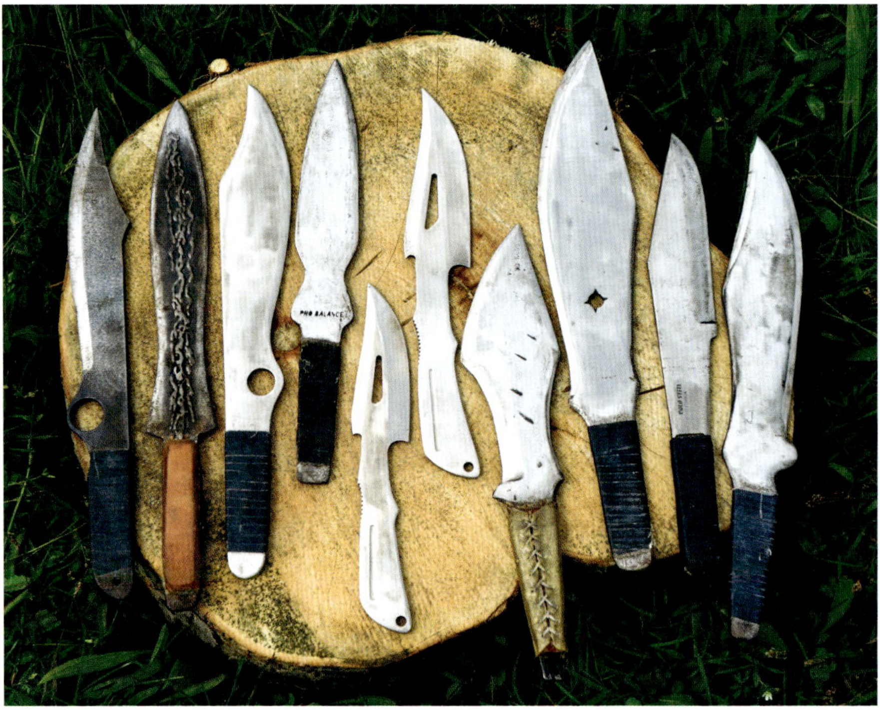

Meine derzeigen Wurfmesser (von links): »The Shark« (Werner Lengmüller), »Custom Thrower« (Kari Salonius), »Outlaw-Pete«-Custom-Wettkampfmesser (Peter Kramer), »Pro Balance« (Cold Steel), zwei kleine Messer von Gil Hibben, »Mountain Man«/«The Tracker« (Kari Salonius), Einzelstück von Kari Salonius (800 Gramm, 40 Zentimeter), »Perfect Balance« (Cold Steel), »Arminius« (Kari Salonius).

Messermodelle kleinerer Hersteller

Werner-Lengmüller-Messer

Hier empfehle ich an erster Stelle die Handarbeiten meines Werferfreundes Werner Lengmüller aus Wenzenbach bei Regensburg. Werner ist derzeit ebenfalls einer der weltbesten Messer- und Tomahawkwerfer, hält unter anderem den US-amerikanischen Weltrekord im »Walkback« mit dem Tomahawk und weiß in der Tat sehr genau, was er tut. Seine handgefertigten Messermodelle sind hochfunktional, ausnehmend formschön und absolut unzerstörbar. Der von ihm verwendete hochfeste Werkzeugstahl ist im Normalfall immer mindestens fünf Millimeter dick und entspricht dem Material, aus dem auch normale Werkzeughämmer gefertigt werden. Hat schon mal jemand von euch einen zerbrochenen Hammerkopf gesehen? Also.

Auf der anderen Seite entstehen Werners Messer in reiner Handarbeit. Sie werden Stück für Stück in seiner Werkstatt mit viel Liebe zum Detail hergestellt. Sie sind meiner Ansicht nach zurzeit das Beste, was der Sportwerfer bekommen kann. Es ist logisch, dass man solche Messermodelle nicht zum Discountpreis bekommt, doch auf der anderen Seite leben wir in einer Welt, in der manche Menschen vor Elektronikfachmärkten Schlange stehen, um für die neueste Ausgabe eines bestimmten Mobiltelefons mal eben über 600 Euro hinblättern zu dürfen. Ich bin der Ansicht, das relativiert so manches. Ein gutes Wurfmesser von Werner kostet pro Stück um die 120 Euro. Aber das ist es auch wert – ohne jede Diskussion.

Bitte nicht böse oder enttäuscht sein, wenn es ein paar Tage oder auch mal Wochen dauert, bis Werner reagiert. Zum einen hat er im Hauptberuf einen Handwerksbetrieb zu leiten, zum anderen bekommt er inzwischen viele Bestellungen aus aller Welt und führt Wartelisten.

Besonders bezeichnend für Werners Messer sind die direkt ins Auge fallenden Spinning-Ringe bei vielen seiner Modelle. Nein, das sind keine Zielfernrohre! Aber man kann daran seine Messer wie ein Cowboy am Zeigefinger kreisen lassen. Das sieht einerseits lässig aus und lockert

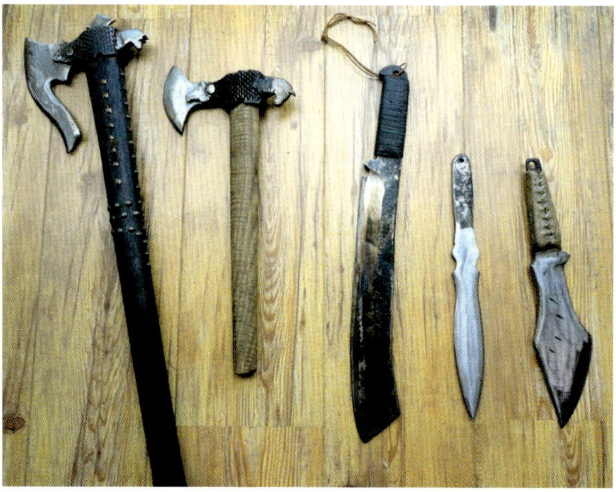

Eine kleine Auswahl an Kari Salonius-Modellen (von links:) Wikinger-Bartaxt mit Wolfskopf, Norse-Tomahawk mit Pferdekopf, Rambo-Machetenmesser (auch recht gut zu werfen), klassisches Wurfmesser und »Mountainman-Tracker Thrower«.

andererseits vor allen Dingen ein wenig die innere Anspannung im Wettbewerb – ähnlich dem Tennisspieler, der vor seinem Aufschlag den Ball noch ein paar Mal aufspringen lässt, oder dem Fußballer, der den Ball vor dem Freistoß oder Elfmeter noch fünf Mal dreht und verschiebt, bis dessen Lage und Aussehen für den Spieler richtig sind (und ich dachte bisher immer, der Ball ist an allen Stellen gleich rund!). Genauso ist es auch bei uns Werfern: Wir drehen eben unsere Messer gerne mal am Finger herum.

Kari Salonius »The Axeman« Messer und Tomahawks

Kari Salonius aus Finnland (www.axeman.us) lebt in Vantaa unweit von Helsinki und ist mir über all die Jahre zu einem lieben Freund geworden, der zudem einen wunderbar trockenen und originellen Humor besitzt. Er ist ebenfalls ein recht vielseitiger Mann: Schwarzgurt-Träger im Jiu-Jitsu, inzwischen pensionierter Hufschmied und Wildwest-Fan. Als gelernter Schmied weiß er meisterhaft mit heißen Eisen umzugehen und fertigt die schönsten Messer und Äxte in Handarbeit.

Dabei kommen allerdings hin und wieder auch recht skurrile Modelle heraus. So konnte er kürzlich nicht widerstehen und baute einen »Mickey-

Die Messer aus der Werkstatt von Werner Lengmüller sind formschön, besitzen hervorragende Flugeigenschaften und sind nahezu unkaputtbar.

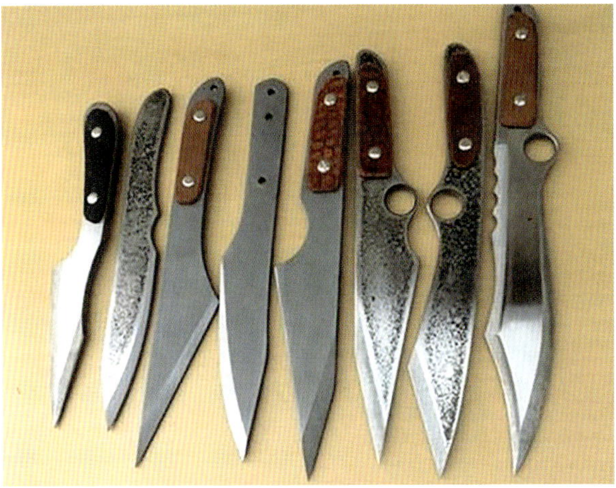

Mouse-Tomahawk«, also eine voll funktionsfähige indianische Kriegsaxt mit einer formgetreuen »Micky-Maus« als Axtkopf!

Als Wildwest-Mann fertigt Kari vor allen Dingen qualitativ hochwertige Gebrauchs- und Wurfmesser in einem – also klassische Mountainman-Messer. Die Klingen sind immer zwischen fünf und acht Millimeter stark (!) und damit ziemlich unzerstörbar, solange man sie nicht auf eine Eisenbahnschiene legt. Und auch dann wäre ich mir nicht ganz sicher, ob nicht eher der Zug entgleist. Also bitte nicht ausprobieren! Die Griffe bestehen bei den meisten von Karis Messern übrigens aus ungegerbter Tierhaut.

Sofern man nun eines seiner Messer erwerben will, so geht das wie in einem Internet-Tante-Emma-Laden: Man teilt Kari per Mail mit, welches Modell man haben will (zum Beispiel so: »Auf der ersten Seite das zweite von oben links, davon bitte drei Stück!«), dann bekommt man einen Preis genannt und eine Bankverbindung. Diesen Betrag bitte per Vorkasse entrichten (so viel Vertrauen muss schon sein, und Kari ist ein absoluter Ehrenmann), und etwa vier Tage später bringt die Post ein längliches Päckchen aus Finnland. Der Versand funktioniert bestens!

Kari spricht im Übrigen ein hervorragendes Englisch, was die Konversation beim Bestellen wesentlich erleichtert.

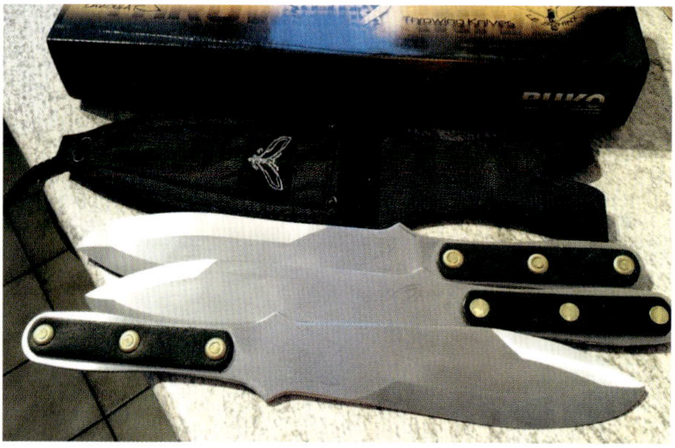

Das »Le Sphinx« von Pierre Cazoulat aus der Bretagne ist ein formschönes und sehr gut fliegendes Wurfmesser.

Pierre Cazoulat: Le Sphinx

Der Bretone Pierre Cazoulat ist ebenfalls seit vielen Jahren ein sehr guter Werferfreund und gleichermaßen ein Weltklasse-Topwerfer sowie World Champion-Titelträger 2011 der IKTHOF (International Knife Throwers Hall Of Fame) mit dem Messer. Er ist ein Mann, der gerade aus größeren Entfernungen zwischen fünf und sieben Metern zur absoluten Höchstform auflaufen kann.

Nach etlichen Jahren als Natur- und Jagdführer in Kanada übernahm der damals 29-Jährige im Jahr 1997 in Callac-de-Bretagne das elterliche Geschäft, in dem neben Haushaltswaren auch Messer, Jagd- und Angelbedarf verkauft wurde. Hier fand der Heimkehrer zum Messerwerfen zurück, das er bereits als kleiner Junge ausgiebig trainiert hatte.

Heute stellt Cazoulat natürlich seine eigenen Wurfmessermodelle her, die er alle persönlich entworfen hat. Das Top-Modell »Le Sphinx« ist mit seiner gefälligen Jagdmesserform auf alle Fälle sehr schön anzusehen, 35 Zentimeter lang und 425 Gramm schwer. Damit erfüllt es alle Kriterien für ein gutes Sport-Wurfmesser. Es ist eines meiner Favoriten für den Start in diesen Sport. Das Modell ist ganz unkompliziert im internationalen Internethandel oder über Cazoulats Homepage zu erwerben (www.pierre-cazoulat.com).

2

Messerwerfen lernen

Die wichtigsten »Basics«

Wie fange ich an? Eine berechtigte Frage, und ich empfehle dir an dieser Stelle: Am besten von Anfang an! Aber Scherz beiseite: Jede Sportart, deren Ergebnis am Ende kompliziert und doch gleichzeitig faszinierend bis spielerisch aussieht, baut sich systematisch auf. Wir bewegen uns daher immer vom leichten zum etwas schwereren Element – und ganz am Ende zu anspruchsvollsten Schwierigkeitsgraden. Als Vergleich: Ein Neuling im Turmspringen geht ja auch nicht ohne jede Vorkenntnis direkt und völlig angstfrei auf die Zehn-Meter-Plattform, nimmt ohne zu zögern einen beherzten Anlauf, springt dann unverzüglich einen fehlerfreien dreieinhalbfachen Salto und taucht exakt senkrecht und spritzerlos ins Becken ein. Also beginnen wir, im übertragenen Sinn, zunächst mit dem Sprung vom Startblock. Unsere Einstiegsübung gibt dir ein gutes Gefühl dafür, wie es ist, das Messer beim Abwurf aus der Hand herausgleiten zu lassen.

Du besitzt einen Holzklotz, ein dickes und weiches Brett oder eine Baumscheibe aus Weichholz? Dieses Ziel legst du dir jetzt unmittelbar vor deinen Füßen zurecht. Alternativ stehst du auf einer Rasenfläche – diese dann möglichst mit weichem Boden ohne Steine oder Kiesel darin, denn diese könnten deine Klingenspitzen beschädigen. Nach einem kurzen »Zwischenspiel« hinsichtlich der Greiftechnik geht es gleich weiter.

Sportliches Messerwerfen ist prinzipiell eine ziemlich »gesetzlose« Sportart. Das bedeutet schlichtweg, dass es kein Gesetz in der Werferwelt gibt, das dir im Grundsatz vorschreibt, nur einzig und allein auf diese oder jene Art ein Messer anzufassen und zu halten. Nimm das Messer

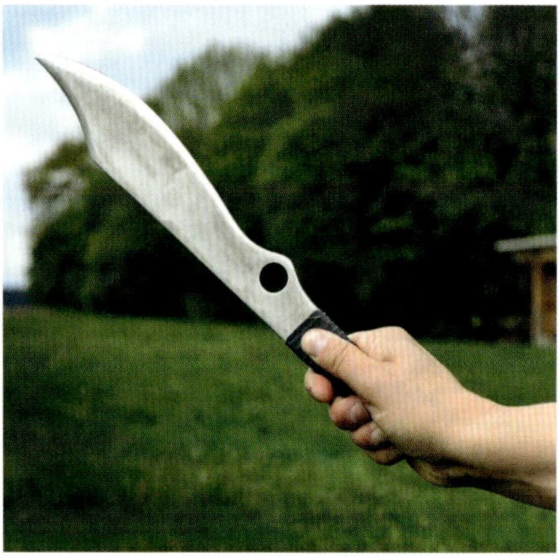 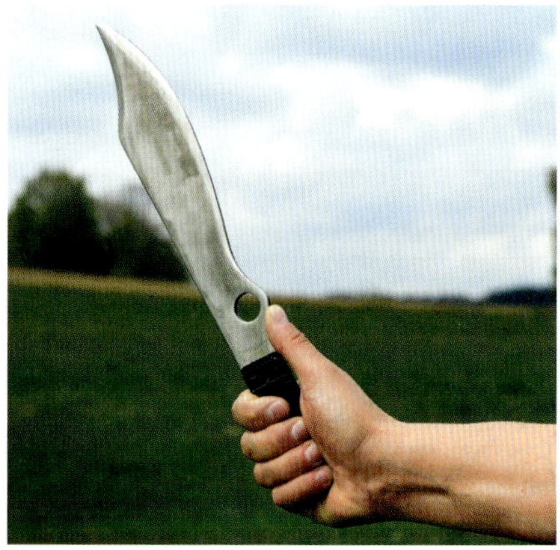

Anfassen: Links Side-Pinch, rechts Hammer-Grip.

am Griff in deine werfende Hand und fass es zunächst einmal so an, wie du dich dabei am wohlsten fühlst. Greif nicht zu locker zu, halte es aber auch nicht verkrampft fest. Nimm es auf die gleiche Weise in die Hand wie einen kleinen Hammer beim behutsamen Einschlagen eines Nagels in ein Holzbrett. Manche Werfer legen auch gleich zu Beginn instinktiv den Daumen auf die Griffrückseite (das ist der so genannte Hammer-Grip).

Sofern das eine für dich angenehme Haltetechnik ist, dann bleibe auch ruhig dabei, denn es gibt hier kein »richtig« oder »falsch«. Achte nach Möglichkeit jedoch darauf, nicht zu viel Griffkörper am unteren Ende deiner Faust herauschauen zu lassen, denn das kann wiederum dazu führen, dass du beim Abwerfen daran »hängen bleibst«. Der elementare Unterschied beider Haupt-Griffarten, dem Side-Pinch und dem Hammer-Grip, hat neben der Daumenauflage auch noch eine weitere biomechanische Komponente, die für das Abwurfverhalten mitentscheidend ist.

Beim Hammer-Grip muss der Werfer das Handgelenk um beinahe 90 Grad nach rechts verdrehen (Linkshänder verfahren entsprechend umgekehrt und drehen links herum), so dass der Daumen mit dem Unterarm eine Linie bildet. Diese Handhaltung schränkt wiederum die Beweglichkeit des Handgelenks deutlich ein, so dass dieses am Ende der

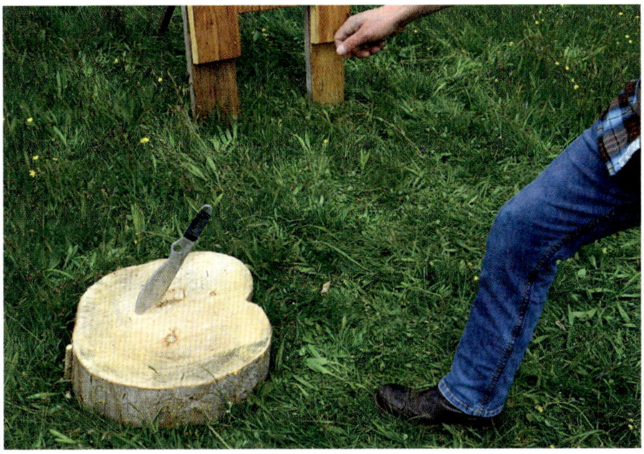

Der kurze Peitschenwurf auf ein liegendes Ziel.

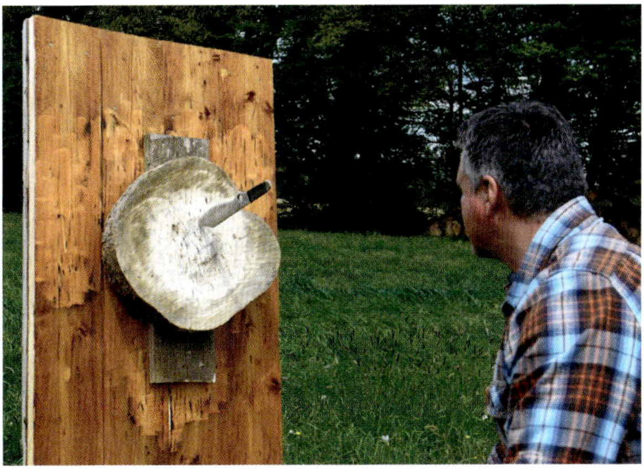

Der kurze Peitschenwurf auf ein aufrecht stehendes Ziel.

Wurfbewegung nahezu arretiert wird, wenn das Messer die Hand verlässt. Beide Faktoren – zum einen der aufgelegte Daumen als Gegenlager zur Rotationsbewegung des Messers, zum anderen das nahezu starre Handgelenk – führen beim Hammer-Grip zu einer deutlichen Verlangsamung der Messerrotationen. Das hat Vorteile, jedoch auch Nachteile, auf die ich später noch genauer eingehen werde.

Mach am Anfang einfach mal ohne Messer in der Hand den Praxis-Test: Zeigt dein Handballen nach vorne wie beim Abschiedswinken, so spürst du, wie beweglich dein Handgelenk ist. Drehst du hingegen die

Handkante nach vorne wie beim Karate-Schlag, so bemerkst du sofort eine spürbare Einschränkung der Beweglichkeit in vertikaler Richtung.

Beim Side-Pinch zeigt im direkten Vergleich eher der Handballen in Wurfrichtung, denn nur auf diesem Weg kann das Messer bei dieser Technik die gewünschte Richtung nehmen und vertikal sauber und gerade rotieren. Beim Abwerfen ist daher das Handgelenk beim Side-Pinch viel flexibler. Der eine oder andere Werfer gibt dem Messer auf diesem Weg im Fluss der Bewegung noch einen kleinen, zusätzlichen »Schnapp«-Impuls mit – zumeist vollkommen instinktiv und unwillkürlich.

In den Abbildungen rechts kannst du genau erkennen, wie die Handhaltung beim Side-Pinch aussieht: Das Messer gleitet im Abwurf zwischen Daumen und Zeigefingergelenk aus der Hand, beim Festhalten und Ausholen berührt der kleine Finger den Messergriff bereits nicht mehr. Damit die Rotationen des Messers auch sauber vertikal verlaufen, zeigt die Hand im Abwurf mit dem Ballen nach vorne, der Handrücken entsprechend nach hinten. Damit ist das Handgelenk »frei« und kann dem Wurf als Hebel zusätzliche Drehimpulse mitgeben.

Dabei ist aber auch Vorsicht geboten, denn wenn es der Werfer mit dem Handgelenks-Schnappen übertreibt, dreht sich das Messer oft einfach zu schnell. Der klare Vorteil des Side-Pinch-Wurfes ist vor allen Dingen, dass diese Wurftechnik sehr exakt auf unsere Wettkampfdistanzen abgestimmt werden kann. Gut austrainiert verschenkt man mit dieser Technik im Wettbewerb keine wertvolle Distanz zum Ziel, sondern steht exakt nur knapp hinter der jeweiligen Markierung. Mit dem Side-Pinch werfen wir unsere Wettkampf-Distanzen wie folgt:

- 3 Meter: eine Rotation
- 5 Meter: das Messer rotiert zwei Mal
- 7 Meter: noch eine dritte zusätzliche Rotation des Messers

Der Side-Pinch ist damit die am meisten verwendete Grifftechnik.

Hammer-Gripper verweisen zwar gerne auf eine angeblich bessere Steuerungsmöglichkeit der Messerwürfe mittels der Daumenaufla-

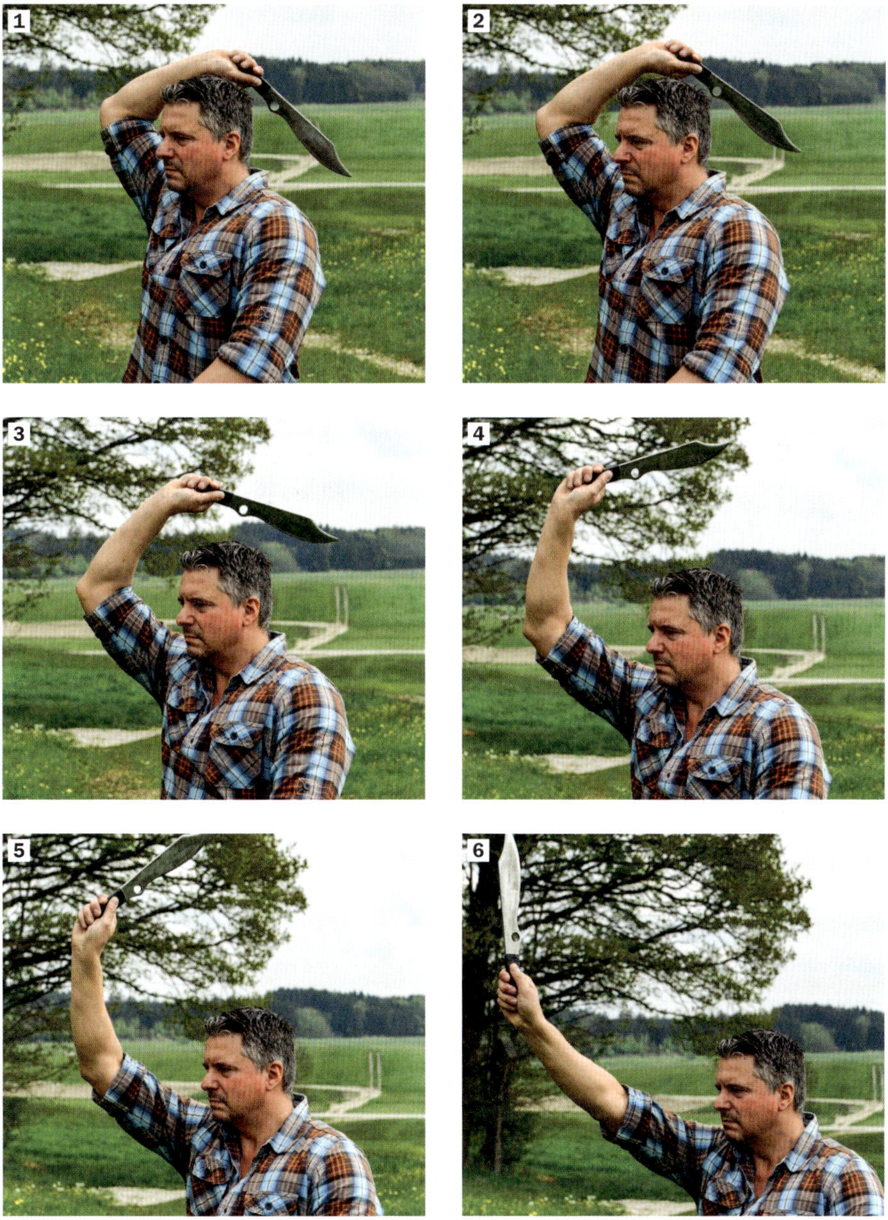

Damit die Rotationen des Messers sauber vertikal verlaufen, zeigt die Hand im Abwurf mit dem Ballen nach vorne, der Handrücken entsprechend nach hinten.

ge, doch habe ich persönlich diesen Vorteil bisher beim Ausprobieren noch nicht erkennen und nachvollziehen können. Es ist sicherlich eher eine reine Geschmacks- und damit auch Gewohnheitssache. Doch ich stelle im Wettkampfgeschehen oft fest, dass Sportwerfer mit eben dieser Technik Probleme mit den Distanzen bekommen können. Allein der Grundwurf mit einer Rotation erfordert bereits knapp vier Meter, der Wurf mit zwei Rotationen mindestens sechs Meter. Das macht das Herumexperimentieren mit dem Material und den jeweils erforderlichen Messerdrehungen nicht unbedingt einfacher, während ich als »Side-Pincher« immer genau an der Markierung stehe. Ich habe jedoch bereits Talente kennen gelernt, die dazu in der Lage sind, sogar mitten im Wettkampf von der einen auf die andere Technik umzusteigen, gerade so wie sie es brauchen. Das nötigt mir schon großen Respekt ab.

Weiterhin wichtig: Falls du ein asymmetrisches Wurfmesser wirfst, so halte das Messer immer so fest, dass du stets mit dem stumpfen Rücken voran wirfst, nicht mit der Schneide. Der Grund dafür ist recht simpel: Wirfst du Serien und lediglich auf ein einziges Wurfziel, so kann im »Worst Case« – der Kollision zweier Messer – das zuletzt geworfene Wurfmesser nur mit dem unempfindlichen Messerrücken auf den Griff des

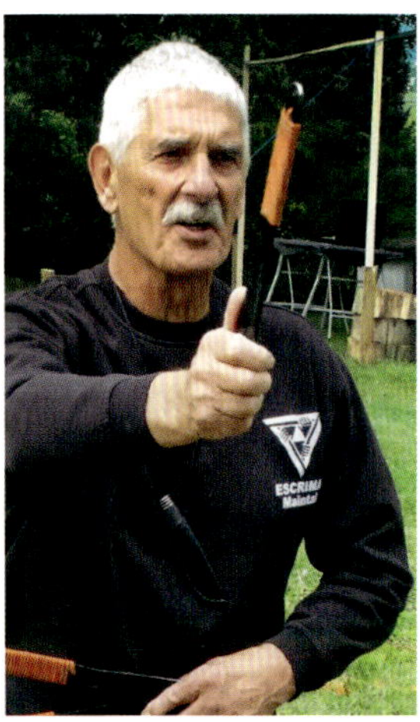

Dieter Führer aus Schongau ist auch mit über 70 Jahren noch ein absoluter Top-Werfer auf Weltniveau, der die Hammergrip-Technik mit aufgelegtem Daumen bevorzugt.

bereits steckenden auftreffen. Dabei passiert dann normalerweise nicht viel, und deine Messer bleiben nahezu unbeschädigt. Wirfst du hingegen mit der Schneide voran, dann ist sofort klar: Bei einer Kollision sind tiefe, irreparable Scharten, Brüche und Macken so gut wie vorprogrammiert, da die Schneide wesentlich dünner und sensibler ist als der dicke, stumpfe Messerrücken.

Es gibt noch einen zweiten Grund, das Messer mit dem Rücken voran zu werfen, auch wenn das jetzt am Anfang für dich womöglich noch nicht so deutlich nachvollziehbar ist. Die Rückseite asymmetrischer Messer hat oft eine Bowie-Adlernase, die im Falle einer zu gering dosierten Rotation fast wie ein Haken ins Holz »beißt«. Und das selbst dann, wenn der Wurf selbst möglicherweise ein wenig an Kraft oder Drall zu wünschen übrig lässt.

Stelle dich nun in deine Abwurfposition: Einen lockeren und unverkrampften Ausfallschritt. Zwischen der Messerspitze deines Wurfmessers bei ausgestrecktem Arm und dem Wurfziel vor dir am Boden besteht eine Distanz von rund 40 bis 50 Zentimetern – nach Möglichkeit nicht wesentlich mehr. Hammer-Gripper fügen nochmals etwa 40 Zentimeter Distanz hinzu.

Die »Indiana-Jones«-Basisübung

Den Abwurf eines Messers kann man als Bewegungsablauf wirklich sehr gut mit dem geschmeidigen, dynamischen Schwingen einer Peitsche vergleichen. Stell dir deswegen am besten vor, du bist »Indiana Jones« und vollführst eine schleudernd-schwingende Peitschenbewegung mit deinem Wurfarm in Richtung des vor dir liegenden Zielholzes. Am besten suchst du dir vorher zur Erleichterung einen Punkt auf dem Ziel aus, den du jetzt anvisierst.

Du legst das Messer kurz an und hältst auf das Ziel zu, fast so wie ein Zimmermann, der vor dem Einschlagen des Nagels noch einmal die

Wie in dieser Rotations-Sequenz gut zu sehen ist, erfolgt das Ausholen und Werfen in einer durchgehenden, fließenden Bewegung.

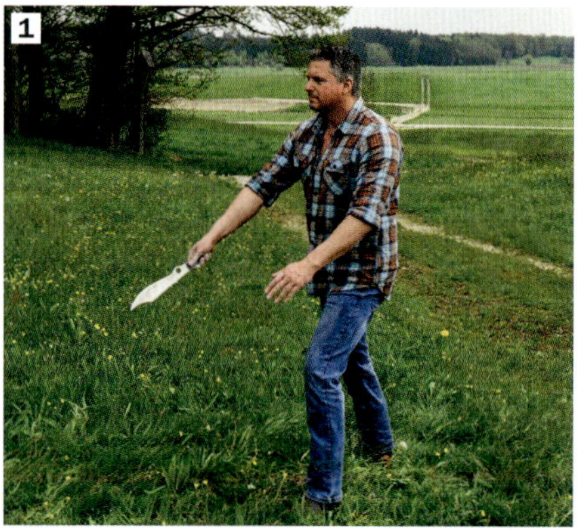

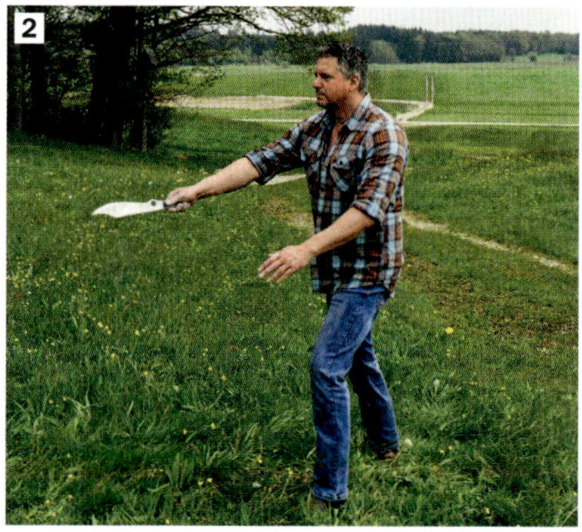

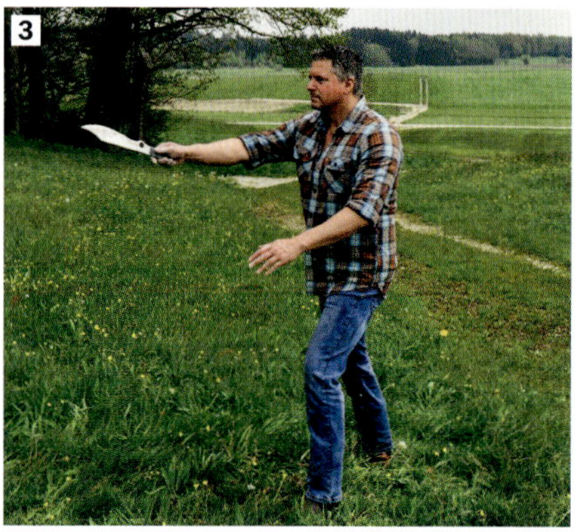

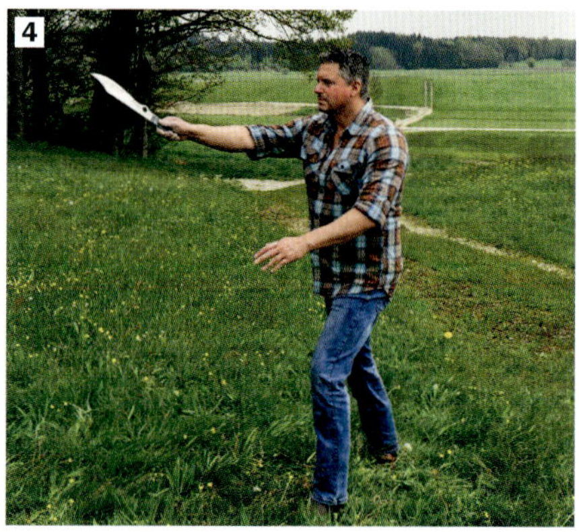

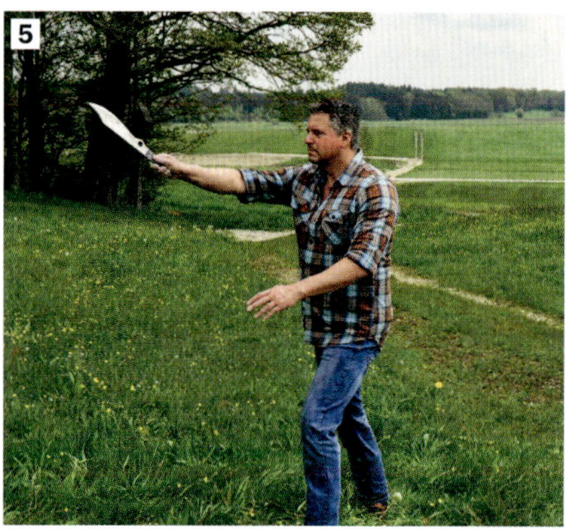

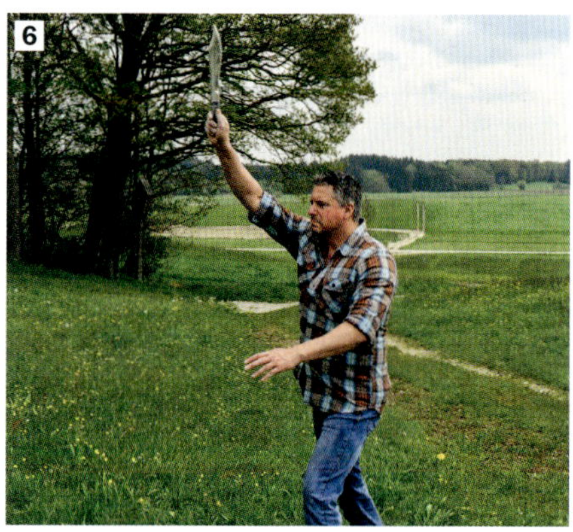

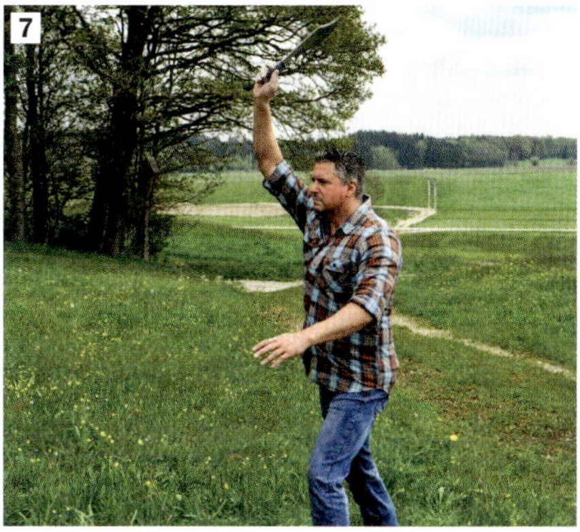
7
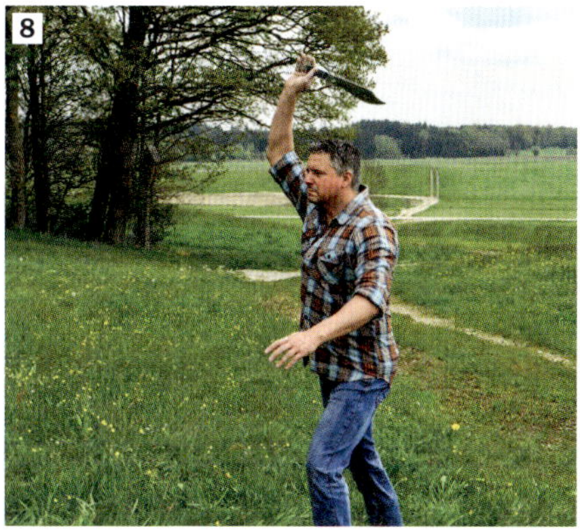
8
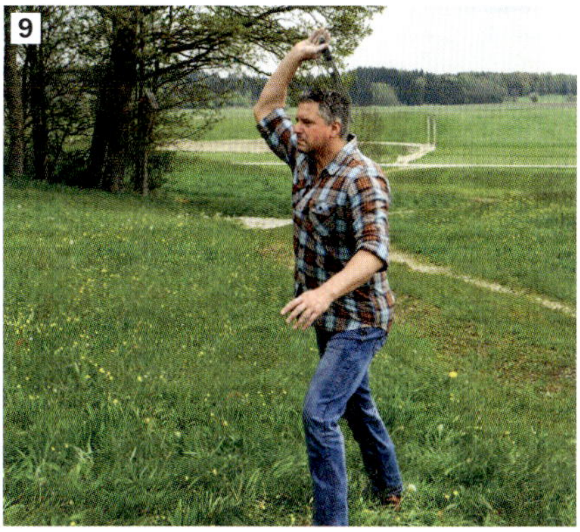
9
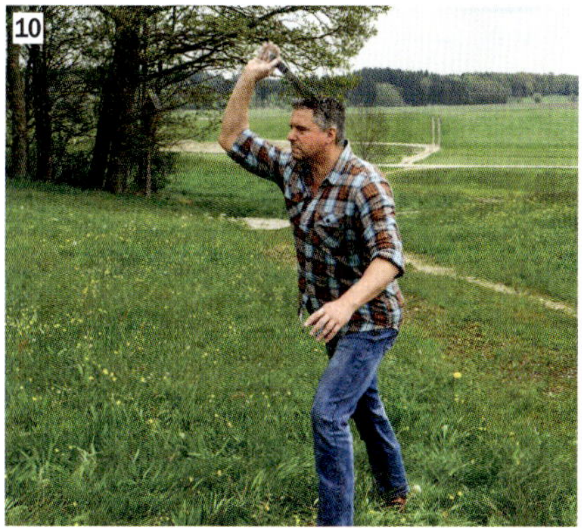
10
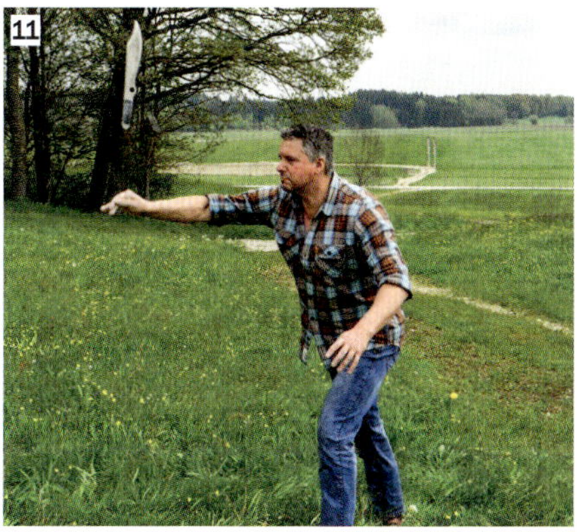
11
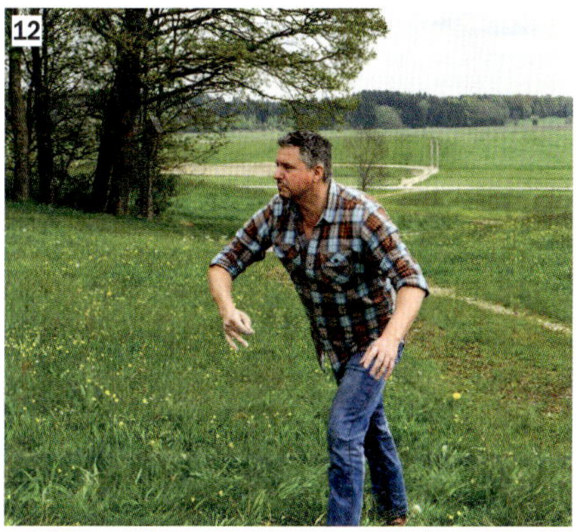
12

Richtung des Hammerschlags überprüft. Dann holst du ruhig und nur einmal aus – also keinesfalls Pendelbewegungen mit dem Oberkörper in Verbindung mit Mehrfach-Ausholbewegungen durchführen.

Der Rest ist reine Gefühlssache, die du einfach ausprobieren musst. Irgendwann kommt im Verlauf der Peitschenbewegung nach dem Ausholen der kurze Zeitpunkt, an dem du das Messer loslassen wirst. Denk jetzt bitte überhaupt nicht bewusst darüber nach, wann das nun soweit sein könnte, denn bei einem Wurf mit einem Tennisball auf eine leere Blechdose würdest du dir auch nicht das Gehirn darüber zermartern, wann du den Ball denn endlich loslassen wirst. Du tust es schlicht und einfach automatisch.

Das Messer gleitet am Griff aus deiner Hand, macht dann automatisch nach dem Abwurf noch eine knappe Vierteldrehung und steckt am Ende im Holz oder Rasen direkt vor dir. Achtung! Steckt es danach in deinem Fuß, so hast du definitiv einen Fehler gemacht (keine Angst, das wird nicht passieren, aber dieser Scherz musste jetzt einfach sein)! Durch diese Übung bekommst du direkt und sehr schnell ein gutes Gespür dafür, wie es sich anfühlt, das Messer am Griff aus der Hand herausgleiten zu lassen. Gleichzeitig ist diese erste Wurfübung vollkommen gefahrlos für dich, denn du brauchst dich nicht vor einem zurückspringenden Messer in Acht zu nehmen, falls es doch mal einen Fehlwurf geben sollte.

Nimm dir mit dieser ersten Basisübung auf das liegende Ziel gerne ein wenig mehr Zeit, so dass dir die Bewegung als solche in Fleisch und Blut übergeht und sich für dich irgendwann vollkommen natürlich und »richtig« anfühlen wird.

Extrahieren

Wichtig für jetzt und für alle Zukunft: Beim Herausziehen der geworfenen Messer aus dem Zielholz die Klingen niemals (!) seitwärts hebeln! Bestenfalls verbiegen sich dadurch nur die Spitzen deiner Wurfgeräte, doch schlimmstenfalls brechen sie dabei sogar ab. Gewöhne dich lieber sofort und von Beginn an daran, deine Messer gerade aus dem Holz herauszuziehen und dabei mit der anderen Hand durch entsprechenden Druck kräftig gegenzuhalten.

Diese Vorgehensweise ist vor allen Dingen auch bei einem frei stehenden Ziel sinnvoll, denn vergisst du möglicherweise das Gegenhalten, so fällt dieses Ziel leicht in deine Richtung um, während du dich bereits umdrehst! Das sieht nicht besonders souverän aus, sondern eher wie ein großer Slapstick und erinnert an die legendären Komiker der Stummfilmzeit – mal ganz abgesehen von der Gefahr des umstürzenden Zielholzes auf deinen Unterschenkel oder die Ferse.

Im Fall einer sehr fest sitzenden Klinge ist es jedoch durchaus vertretbar, das Messer einmal kurz senkrecht (!) auf- und ab zu hebeln, denn auf diese Weise löst es sich meistens von allein.

Nie nach links und rechts biegen oder drehen: Beim Herausziehen des Messers allenfalls in Schneidenrichtung hebeln, am besten aber einfach nur senkrecht daran ziehen und gleichzeitig gegenhalten.

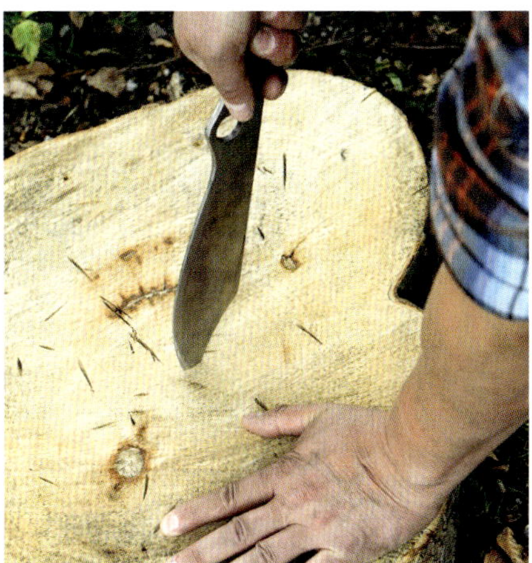

Suche dir außerdem, nach einer gewissen Zeit der Vorübung, auf dem Zielholz oder dem Rasen kleinere Ziele, die du »harpunieren« möchtest. Das können Kleeblätter sein, kleinere Verfärbungen auf dem Holz, aber auch eine Spielkarte, die du dir vorher zurechtlegst. Auf diese Weise beginnst du nämlich bereits mit dem gezielten Werfen, was ja auf längere Sicht das Hauptkriterium des Sportwerfens ist.

Um jetzt gleich methodisch vernünftig weiter trainieren zu können, kommen wir an dieser Stelle zu einem weiteren elementaren Bestandteil unseres Sports – dem Wurfziel.

3

Das Wurfziel

Es gibt ein absolut eisernes Gesetz, an das sich jeder Sportwerfer zu halten hat – und zwar kompromisslos: Wir werfen niemals auf lebende Ziele! Diese Regel schließt sogar Bäume mit ein, denn die leben auch! Der Birnbaum im Garten meiner Kindheitstage hat mir hoffentlich vor seinem Ableben noch verziehen. Durch Messerwürfe werden Bäume tatsächlich an ihrer Rinde verletzt, so dass Parasiten und Schädlinge eindringen können. Und wir Sportwerfer wollen ja am Ende nicht am Waldsterben schuld sein.

Jetzt stellt sich die brennende Frage, wie ein optimales Wurfziel zum sportlichen Werfen denn nun auszusehen hat. Nimm bitte Abstand vom Kauf einer fertigen »Messerwerfer-Zielscheibe«, die es vereinzelt im Handel gibt, denn du würdest dich nur schwarz ärgern. Diese Brettchen sind meist dünn wie eine Dartscheibe und bestehen aus gepresster

Die Zielscheibe beim Messerwerfen besteht idealerweise aus weichem Material wie Pappelholz.

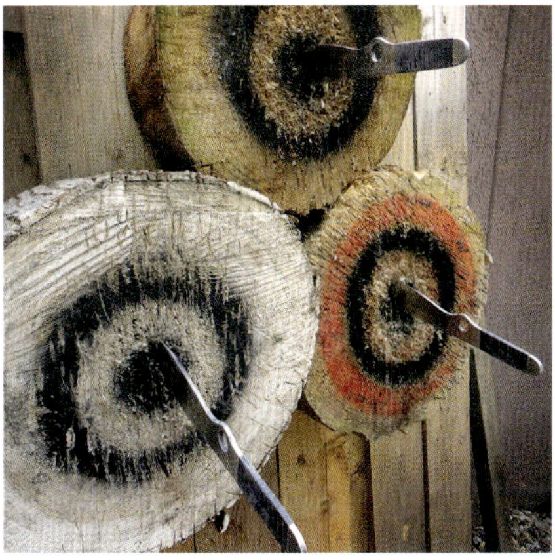

Selbst gebautes Wurfziel auf einer Bretterkonstruktion, an der man bei Befarf die Baumscheiben immer wieder und ganz einfach austauschen kann.

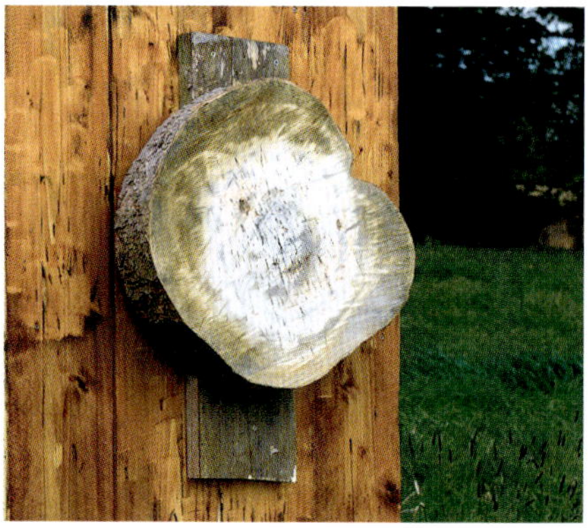

Pappe. Ein solches Dünnbrett hält gerade mal einen einzigen Wurf mit meinen Wettkampfmessern aus und zerbricht dann in zwei Teile. Was beim Wurf mit einem Tomahawk auf dieses Ziel passieren kann, möchte man sich lieber gar nicht erst vorstellen.

Auf der anderen Seite scheidet damit von Beginn an auch die aufwändige Konstruktion einer Drehscheibe für die spärlich bekleidete Assistentin aus. Zum Glück, muss man sagen, denn wir können ja schließlich nicht alles haben!

Der tatsächliche Arbeitsaufwand ist für uns wesentlich geringer. Am besten geeignet für unser sportlich orientiertes Wurftraining ist eine ausreichend große und dicke Baumscheibe aus Weichholz. Um an diese zu kommen, müssen wir uns nur beim Bauhof unserer Heimatgemeinde erkundigen, ob irgendwo passende Bäume gefällt werden.

Zielscheiben aus weichem Laubholz

Ideal ist Pappelholz oder alternativ Linde. Das ist gut für uns, denn Ersteres will eigentlich niemand haben, weil es weder als Brennholz noch als Bauholz besonders gut geeignet ist. Pappel ist nämlich ausnehmend weich und beschert uns in frischem Zustand das herrlichste Treffergeräusch, das ihr euch vorstellen könnt: Ein leises »Thunk« (mit englischem »Tie-Äitsch«) wie ein softer Aufschlag beim Tennisspielen. Die schönste Belohnung für einen erfolgreichen Wurf!

Die einfachste und auch zeitlich am schnellsten zu bewerkstelligende Konstruktion besteht aus einer Weichholzscheibe mit einem Durchmesser von rund 50 Zentimetern und mindestens 15 Zentimeter in der Stärke. An dieser kann man auf der Rückseite oder auch an den Seiten einfache Holzlatten wie ein großes »A« mit Spax-Holzschrauben befestigen. Achte bitte darauf, dass sich die Mitte der Wurfscheibe (also das »Bullseye«, das du gerne treffen willst) beim Aufstellen der Konstruktion in etwa 130 bis 160 Zentimetern Höhe befindet.

Seitlich an der Scheibe jetzt noch eine oder zwei weitere Holzlatten anschrauben, die das Wurfziel nach dem Aufrichten nach hinten hin abstützen – fertig! Das sieht am Ende ein wenig aus wie die Staffelei eines Malers und darf wie diese auch gerne ein Stück nach hinten geneigt sein.

Wichtig für dein Verständnis: Die Kraft und Wucht des geworfenen Messers wird zu einem überwiegenden Anteil von der weichen

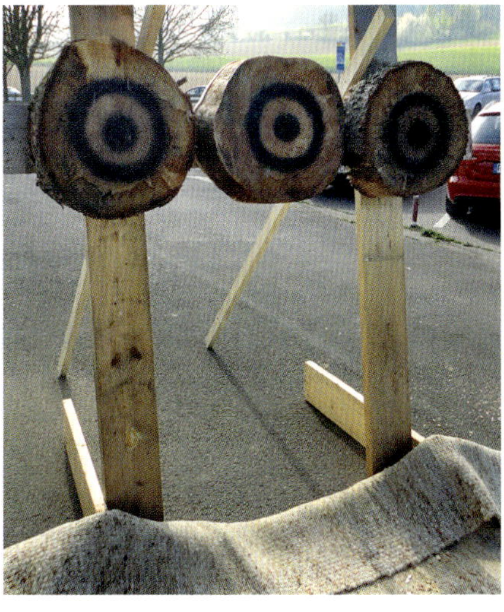

Bei hartem Betonfußboden oder ähnlichem Bodenbelag ergibt es Sinn, für eine weiche Unterlage zu sorgen, um die Messer bei Fehlwürfen vor Beschädigungen zu schützen.

Wurfziele am Strand, zusammengebaut aus Treibholz. Feucht-weiches Holz und eine perfekte, großzügige Umgebung für das Training ergeben ein ideales Ambiente – immer vorausgesetzt, du bist nahezu allein dort.

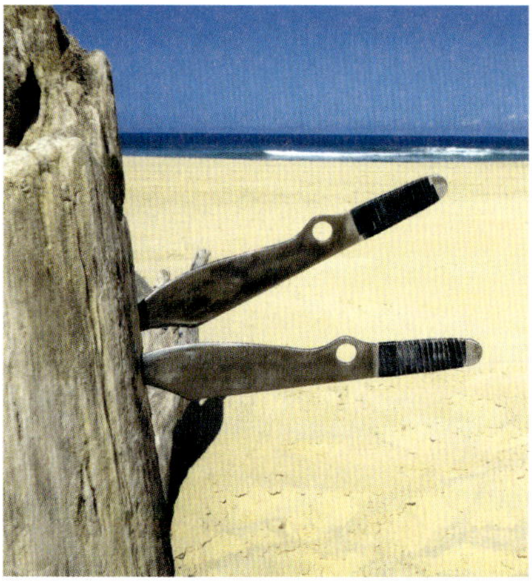

Wurfscheibe geschluckt und damit absorbiert. Das bedeutet, dass die stützenden Beine der Konstruktion, besagte Holzlatten, überhaupt nicht extrem dick, schwer oder umfangreich zu sein brauchen, denn sie müssen lediglich das Gewicht der Scheibe tragen können.

In Bezug auf die Aufprallenergie haben sie ebenfalls nicht viel auszuhalten, da es kaum eine nennenswerte solche gibt. Wir werfen ja keine Backsteine! Etwa drei bis vier Zentimeter an Stärke für die Stelzen reichen vollkommen aus und machen dein Wurfziel damit außerdem leicht und transportabel. Wenn das Ziel aufrecht steht, so schlage einfach mal als Test mit der flachen Hand mit halber Kraft dagegen. Bleibt es stehen, wird es auch deine Trainingswürfe ohne Schaden zu nehmen überdauern.

Mit einer einfachen Bretterkonstruktion kannst du zudem mehrere Scheiben nebeneinander befestigen, so dass zwei Werfer gleichzeitig am Ziel trainieren können. Die Vorgehensweise ist dabei fast identisch: Mit der Rückseite werden die Holzscheiben einfach an das Brettergestell geschraubt und das Ganze dann so aufgestellt, dass sich deine Wurfziele in der gewünschten Höhe befinden. Schalbretter und Schrauben kosten im Baumarkt kein Vermögen, so dass deine Konstruktion immer ein recht preiswertes Vergnügen bleiben wird.

Baumscheiben aus Weichholz sind außerdem in der Regel reine Abfallprodukte der Holzwirtschaft. Man kann sie oft sogar umsonst von Sägewerken bekommen. Liegt kein solches Unternehmen in deiner Nähe, dann hier ein etwas makaber klingender Tipp: Falls es ein Krematorium in deiner näheren Umgebung gibt, frage dort mal nach, wo die Särge zur sofortigen Verbrennung gebaut werden. Aus Kostengründen sind diese oft aus Pappelholz angefertigt, da es leicht und weich ist und dadurch rasch abbrennt. Wenn du Glück hast, wirst du dort fündig.

Zielscheiben aus Nadelholz

Die zweite Wahl sind Nadelhölzer wie Fichte, Kiefer, Lärche oder Tanne, die zwar ebenfalls weich genug sind, jedoch einen an der Hand spürbaren Nachteil haben: Harz. Verharzte Klingen sind furchtbar klebrig und machen damit deine Würfe zu so genannten »Pattex-Würfen«. Dabei kleben die Hände beim Loslassen eine Nuance zu lange an der Klinge oder dem Griff und verursachen einen Wurf in Richtung Erdboden. Das kann im übrigen auch bei verschwitzten Händen oder feuchten Ledergriffen geschehen. Was man dagegen machen kann, zeige ich dir ebenfalls weiter hinten. Bevor du jedoch am Ende gar nichts zur Verfügung hast, ist eine Nadelholz-Baumscheibe immer noch eine gute und brauchbare Alternativlösung, auf die ich selbst hin und wieder zurückgreife.

Der Baumstammstapel im Wald ist als Trainings-Wurfziel immer mit Vorsicht zu genießen. Bei einem Fehlwurf können die Messer einfach zwischen den Stämmen verschwinden – oft auf Nimmerwiedersehen.

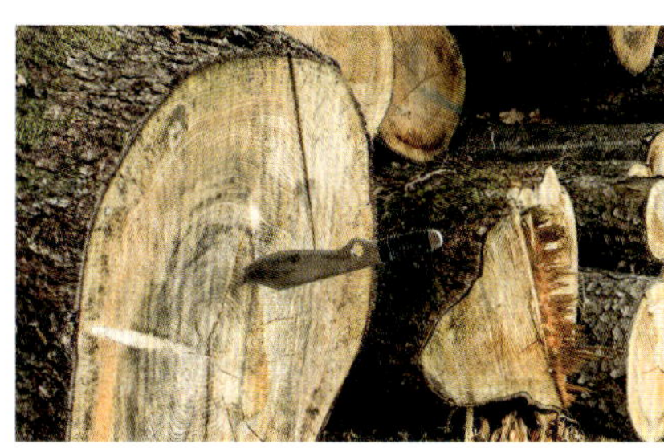

Alle anderen Bäume, die Blätter haben, scheiden für unsere Zwecke aus, da diese Holzsorten für eine Wurfscheibe zu hart sind. Ich kenne zwar einige Werfer, die bewusst nur auf sehr hartes Holz werfen, da sie der Ansicht sind, ihre Würfe auf diese Weise zu präzisieren, doch teile ich diese Trainingsphilosophie nicht. Meiner Meinung nach wird das Material, also unsere Messer, so nur unnötig stark belastet und abgenutzt – besonders im Fall eines Fehlwurfs. Im sportlichen Wettbewerb dürfen wir meist auf Weichholzscheiben werfen. Gelegentlich kommt es aber vor, dass der Begriff »Weichholz« auch die erwähnten Nadelhölzer und sogar die etwas härtere Pinie einschließt, auf die Amerikaner recht häufig werfen.

Auch am Strand kann man das Werfen prima üben. Dort liegt oft Holz herum, aus dem sich ein passendes Ziel bauen lässt. Aber Achtung: Fehlwürfe gehen dabei oft direkt in den Sand. Deine Messer graben sich dann gerne mal einen knappen Meter unterhalb der Sandoberfläche wie ein Maulwurf durch den Boden. Diese Stelle im Sand bitte unbedingt merken und nicht mehr aus den Augen lassen, deine Serie sofort unterbrechen, hinlaufen und buddeln. Bisher habe ich noch immer alle Klingen wieder gefunden, doch es konnte im Einzelfall schon mal knapp zehn Minuten dauern. Am besten also stets gut treffen!

Besonders beim Training im Wald muss zum ersten absolut gewährleistet sein, dass du niemals von plötzlich auftauchenden Passanten oder Radfahrern überrascht werden kannst. Klare Sache: Ein Volltreffer zwischen die Schulterblätter verdirbt jedem Spaziergänger den Tag (kleiner Scherz am Rande!). Daher immer nur an solchen Plätzen trainieren, wo das Gelände eine ausreichend gute Weitsicht zulässt.

Zum Zweiten: Ein Langholzstapel im Wald ist nur für wirklich erfahrene Werfer geeignet, denn du musst schon bereits recht genau treffen können. Fliegt oder fällt ein Messer versehentlich in die Zwischenräume der Stämme, so ist es im Regelfall fast unwiederbringlich verloren, denn manche dieser Stapel liegen über Jahre im Wald. Das gilt erst recht für die Stirnseite als Wurfziel!

Generell steht bei der Platzierung eines Wurfziels immer die Sicherheit an erster Stelle. Dazu mehr im nächsten Kapitel.

4

Sicherheit

Im Verlauf zahlreicher Gespräche mit Zeitungsreportern und anderen Medienvertretern wurde und wird mir regelmäßig und scheinbar instinktiv immer wieder die gleiche Frage gestellt: »Ist Messerwerfen denn nicht furchtbar gefährlich?« Ich antworte dann stets gerne mit einer Gegenfrage (auch wenn das als unhöflich gilt): »Würden Sie die gleiche Frage auch einem Bogenschützen stellen, der im Sportverein seinem Training nachgeht?« Das bringt den einen oder anderen Gesprächspartner dann tatsächlich zum Innehalten und Nachdenken ob der tatsächlichen Gefahr beim Messerwerfen.

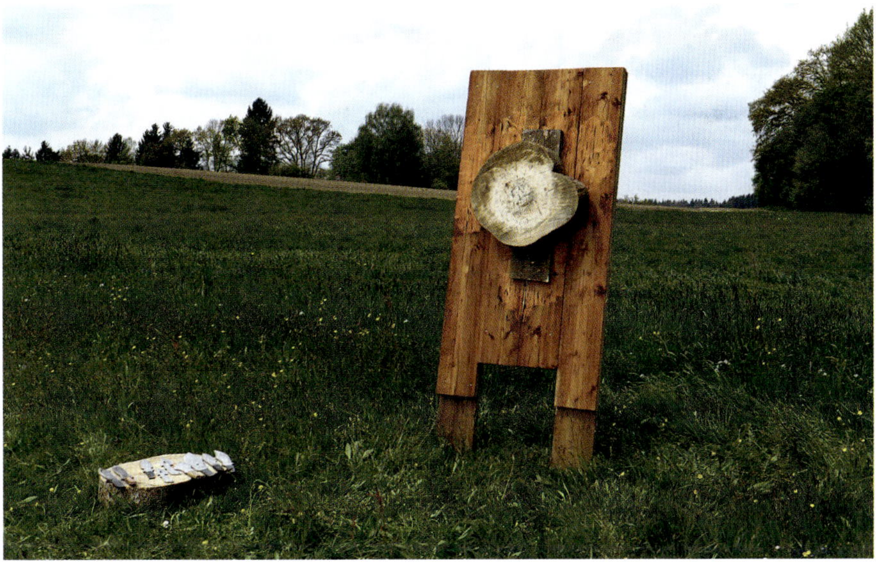

Ein weitläufiges, frei einsehbares Gelände ist für das Training im Freien ideal.

Natürlich verbindet gerade der Laie mit Messern rein gefühlsmäßig stets die nackte, blanke Gefahr. Und selbstverständlich sind Wurfmesser durchaus ernstzunehmende Waffen, die bei missbräuchlichem Umgang einen immensen Schaden anrichten können. Allerdings, auf den kleinsten gemeinsamen Nenner gebracht, haben geworfene Messer im direkten Vergleich mit einem abgeschossenen Pfeil (der ohne weiteres auch über 100 Meter weit fliegen kann) eine sehr begrenzte Reichweite und damit – rein technisch-nüchtern betrachtet – ein deutlich geringeres Gefahrenpotenzial als eine Fernwaffe.

Im Training werfen wir letzten Endes nur selten über weitere Distanzen als rund zehn Meter. Meistens trainiere ich mit meinen Messern aus drei bis sieben Metern Entfernung, da mein Garten ohnehin nur gut acht Meter Distanz zum Werfen zulässt. Das zeigt umgekehrt, wie gering die Gefahren des sportlichen Werfens eigentlich sind und macht unsere Sicherheitsaspekte recht überschaubar. Aus diesen Gründen habt ihr genau zwei Möglichkeiten für die Auswahl eines Übungsplatzes:

A Man befindet sich auf einem weitläufigen Gelände, so dass man jeden Ankömmling frühzeitig sehen kann und beim Training nicht überrascht wird.

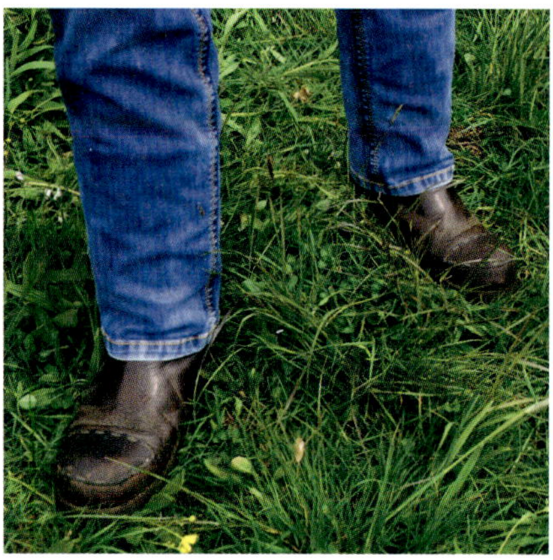

Festes Schuhwerk ist beim Messerwerfen generell anzuraten.

B Als alternative Lösung dazu hat man ein umfriedetes Grundstück zur Verfügung, so dass sich hinter der Scheibe nichts weiter befindet als eine dicke und hohe Mauer, ein Bretterzaun oder dergleichen.

Die grundlegenden Sicherheitskriterien werden uns eigentlich von unserem gesunden Menschenverstand vorgegeben. Doch ich möchte der Vollständigkeit halber die wesentlichen Gesichtspunkte an dieser Stelle ansprechen – möglichst ohne dabei in die Banalität abzudriften. Unabdingbar wichtig: Es darf sich niemand hinter, vor oder direkt neben dem Wurfziel aufhalten, denn eine alte Weisheit sagt: »Wenn erst der Dolch im Rücken steckt, dergleichen selten Freude weckt!«

Trainiert man zu zweit oder mit noch mehr Personen an dicht nebeneinander stehenden Zielen, dann wird auch immer gleichzeitig geworfen – und natürlich nach den Würfen gleichzeitig »geholt«. Niemals darf jemand den Weg zur Scheibe allein machen, während der Trainingspartner direkt nebenan noch seine Serie zu Ende wirft!

Auch direkt hinter dem Werfer hat niemand zu stehen, denn die halbkreisförmige Ausholbewegung ist oft raumgreifender als angenommen. Das ist vor allen Dingen dann von Belang, wenn man sich zum Beispiel zur besseren Trainingsanalyse von einem Partner filmen lässt. Insbesondere die langen Tomahawks können deinem Trainingspartner gepflegt das Objektiv, sein Smartphone oder Tablet ruinieren, wenn er sich zu dicht hinter deinem Rücken aufhält, während du gerade zum kraftvollen Wurf ausholst.

Kinder und Jugendliche dürfen ihr Training logischerweise nur in Begleitung beziehungsweise unter der Aufsicht – oder zumindest mit dem Einverständnis – eines Erwachsenen durchführen. Sie realisieren manchmal noch nicht wirklich, in welchem Maß von einem geworfenen Messer für ihre Umgebung eine Gefahr ausgeht. Aber auch das dürfte eigentlich klar sein.

Achte weiterhin darauf, dass die Wurfbahn selbst komplett frei ist und nicht von herunterhängenden Ästen, Sträuchern oder ähnlichem behindert wird, denn Querschläger mit einem schweren Wurfmesser sind nicht ungefährlich. Jeder Werfer sollte daher festes Schuhwerk tragen, denn ein abprallendes Messer hat generell eine völlig unkontrollierte Flugbahn, bei der man den endgültigen Einschlagort nie vorhersagen kann. Zum Trainieren daher besser die Trekkingsandalen oder Flip-Flops im Schrank lassen. Ganz abgesehen davon, dass man mit solchen »Schlappen« ohnehin keinen festen Stand hat.

Es ist grundsätzlich auch nicht verkehrt, zur allgemeinen Sicherheit einen Erste-Hilfe-Kasten in der direkten Nähe zur Verfügung zu haben. Nur für den Fall der Fälle.

Und obgleich es sich ebenfalls im Grunde von selbst versteht, sei natürlich (erneut) angemerkt, dass niemals auf Mensch oder Tier geworfen wird – nicht aus Spaß und nicht mal angedeutet, denn gerade dabei rutscht das Messer aus Versehen aus der Hand!

Das wäre dann prinzipiell schon alles zum Thema Trainingssicherheit. Wie gesagt: Die meisten Aspekte sind eigentlich selbstverständlich und ergeben sich aus dem logischen Denken.

5

Der kurze Peitschenwurf

Wenn die Basisübung von vorhin gut klappt, dann können wir jetzt zu einer Vorbereitungsübung kommen, die fast genau so abläuft, aber ein klein wenig mehr Mut von dir erfordert. Deswegen bitte erst dann in Angriff nehmen, wenn die vorhergehende Übung, also der Wurf auf das vor dir liegende Ziel per Peitschenwurf, etwa 50 Mal hintereinander fehlerfrei funktioniert hat.

A Anstatt wie vorher auf ein liegendes Ziel zu werfen, stehst du nun vor deinem aufgestellten Wurfziel, das du dir inzwischen nach deinem persönlichen Geschmack konstruiert hast.

B Strecke deinen Arm mitsamt Messer aus und sorge dafür, dass du in einer Distanz von nur einem Meter vor der Scheibe stehst – und zwar ausgehend von deiner Schuhspitze. Das Messer wird jetzt bei ausgestrecktem Arm etwa einen halben Meter von deinem Wurfziel entfernt sein. Achtung: Hammer-Gripper erweitern die Distanz erneut um zusätzliche 30 bis 50 Zentimeter.

C Jetzt machst du einfach genau das Gleiche wie vorhin: Eine gezielte »Indiana-Jones-Peitschenbewegung« in Richtung deines Wurfziels, und dann instinktiv loslassen wie zuvor. Das Ganze sollte so beherzt, mutig, entschlossen und konsequent wie möglich erfolgen. Und stets dabei bedenken: Je mutiger, lockerer und gleichzeitig entschlossener du wirfst, desto weniger wahrscheinlich ist ein Fehlwurf und das damit verbundene Zurückspringen des Messers.

Diese Übung dürfte dir jetzt problemlos von der Hand gehen, sofern du die innere Angst vor dem eventuell zurückspringenden Messer ohne Probleme überwinden kannst. Also nur keine Bange und gelassen bleiben, das klappt schon! Das Messer vollführt nach dem Loslassen erneut eine knappe Vierteldrehung und steckt in der Scheibe.

Und jetzt dazu noch ein kleiner Tipp, den du am besten von Anfang an verinnerlichst: Du kannst deinen Würfen noch einen zusätzlichen »Kick« an Kraft verleihen, indem du die Wurfbewegung direkt mit der korrekten Atmung unterstützt. Vielleicht machst du es ja bereits automatisch richtig, indem du im Moment des Abwurfs kurz und scharf ausatmest, wie es die Kampfsportler oder Boxer beim Schlag oder Stoß machen. Du kennst das sicher aus verschiedenen Alltagssituationen, in denen du einen schweren Gegenstand aufheben willst. Es mag anfangs nicht so recht gelingen, doch mit einem kraftvollen Ausatmen bekommst du den Sack Zement plötzlich hochgewuchtet. Du kannst also in der Tat durch den Einsatz der so genannten »Atemkraft« (die Japaner nennen diese Kraft »Ki«, die Chinesen »Chi«) die Kraft deiner Muskeln zusätzlich verstärken. Für uns Werfer ein kleiner »Turbo«, den wir gewinnbringend nutzen können.

Weiterhin elementar wichtig für ein nachhaltig (im wahrsten Sinn des Wortes) erfolgreiches Training: Dein Arm macht im Zuge des Loslassens deines Messers automatisch eine Halbkreisbewegung. Diese Bewegung führe bitte unbedingt fort, auch wenn du dein Messer bereits längst abgeworfen hast. Du kannst sie dir unter anderem auch von Leichtathletik-Speerwerfern abschauen. Man bezeichnet diese Weiterführung der Wurfbewegung als »Nachhalten«. Viele Fehlerquellen sind bereits von vorneherein ausgeschaltet, wenn du auf das Nachhalten achtest, bis es irgendwann vollkommen automatisiert abläuft. Nur das Nachhalten sorgt am Ende für eine kontrollierte Wurfbewegung und damit für eine gleichbleibend konstante Rotationsgeschwindigkeit deiner Wurfmesser.

Auch bei dieser vorbereitenden Übung ist es für dich zusätzlich von Vorteil, wenn du dir auf deinem Wurfziel bereits nach ein paar Durchgängen bestimmte Punkte aussuchst, die du anvisieren und treffen möchtest. Und sei es allein um dafür zu sorgen, Messer-auf-Messer-Kollisionen zu vermeiden.

Wenn du diese Übung ein paar Male hintereinander gemacht hast, so kommst du bereits nach relativ kurzer Zeit an einen Punkt, an dem sich diese Bewegung für dich erneut natürlich, flüssig, angenehm und richtig anfühlt. Sobald das der Fall ist – vielleicht schon nach rund zehn Durchgängen à drei Messerwürfen – bist du bereit für unseren Grund- oder Basiswurf aus der kurzen Distanz von drei Metern.

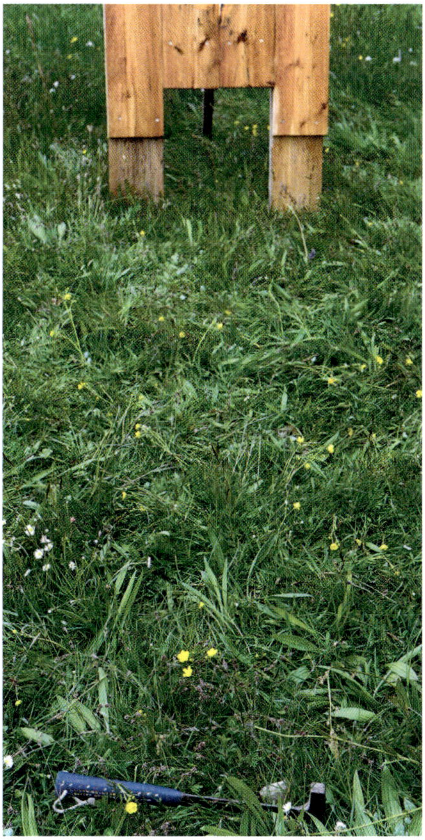

Die Abwurflinie sollte mit einer sichtbaren Markierung gekennzeichnet sein, hier schon für den Drei-Meter-Wurf.

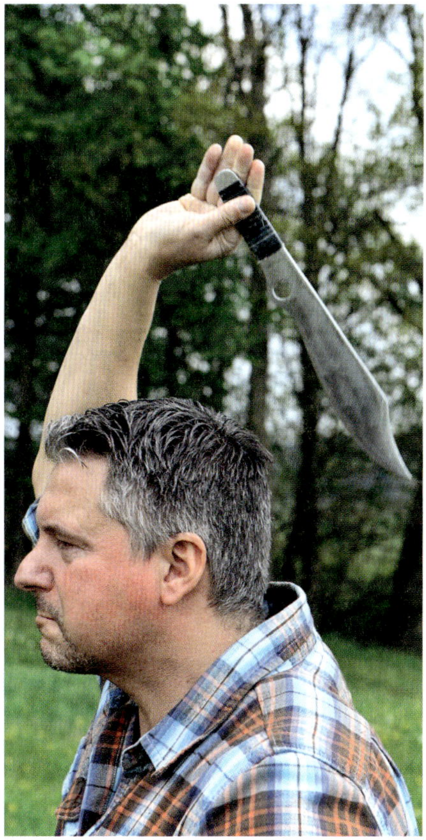

Das Loslassen erfolgt sehr früh, nämlich fast noch über dem Kopf des Werfers.

6

Der Grund- oder Basiswurf

Nimm bitte ein Maßband zur Hand und miss, ausgehend von deinem Wurfziel, eine Entfernung von drei Metern ab. Diesen Punkt markierst du auf dem Boden, entweder mit Kreide, einem Stück Holz oder Tape. Mein britischer Werferfreund »Little« John Taylor, ein Zwei-Meter-Mann aus Yorkshire, verwendete einmal einen Regenwurm als »distance marker«, stellte aber fest, dass sich seine Markierung langsam und stetig fortbewegte. Das ist also nachweislich keine ideale Lösung. Ich persönlich bevorzuge ein Holzbrett, das eine ähnlich eindeutige Funktion wie das Absprungbrett beim Weitsprung hat und jegliches Übertreten sofort registriert.

Der jetzt folgende Grundwurf aus der kurzen Distanz wird für dich die Grundlage aller weiteren sportlichen Messerwürfe sein, auf der alles Nachfolgende aufbaut. Die Drei-Meter-Distanz ist zudem auch unsere kürzeste Entfernung mit dem Messer in den offiziellen nationalen und internationalen Wettbewerben.

Stelle dich nun mit deinem vorderen Fuß (links oder rechts) an diese Distanzmarkierung, und zwar so, dass deine Schuhspitze die Markierung noch nicht berührt – also auch gerne fünf Zentimeter dahinter. Führe nun mit deinem Wurfarm exakt die gleiche peitschende Schleuderbewegung aus wie vorhin, ziele dabei instinktiv auf den Mittelpunkt deiner Wurfscheibe und lasse dann einfach genauso instinktiv dein Messer los.

Nebenbei erwähnt: Der objektiv sichtbare Zeitpunkt des Loslassens wird vom Werfer sehr oft vollkommen falsch eingeschätzt. Viele Werfer denken, dass sie das Messer in genau dem Moment loslassen, in dem die werfende Hand nach vorne in Richtung des Wurfziels zeigt. Das stimmt aber nicht, denn wäre das tatsächlich der Fall, würde das Messer direkt vor dem Werfer im Boden landen.

Das ist zwar interessant. Allerdings lohnt es überhaupt nicht, sich während des Trainings darüber Gedanken zu machen, denn letzten Endes läuft die Bewegung von Anfang an mehr oder weniger automatisch ab – es sei denn, du hättest noch niemals zuvor überhaupt irgendeinen Gegenstand geworfen. Aber das bezweifle ich sehr. Im Optimalfall macht das Messer einfach nur nach dem Loslassen eine weitere Drehung und steckt mit der Spitze voran wieder in deinem Ziel. Dabei ist es zunächst noch gar nicht allzu wichtig, wo es nun am Ende steckt oder wie »schön«, denn die Hauptsache ist erst einmal, dass es überhaupt stecken bleibt.

Das genauere Zielen, Anvisieren und letztendlich auch das Treffen kleinerer Zielpunkte ergibt sich erst über die folgenden Tage, Wochen, Monate und auch Jahre des Ausprobierens und Trainierens. Messerwerfen ist eine Sache, die man nun einmal nicht online oder über einen Fernkurs erlernen kann, denn sie will immer wieder ausgetestet und wortwörtlich gefühlt werden. Und das geht eben nur draußen an der frischen Luft, in der Praxis.

Falls es funktioniert hat, dann herzlichen Glückwunsch. Und auch wenn von den drei geworfenen Messern nur ein einziges steckt, ist das ein beachtenswerter Erfolg, denn du hast die Sache damit nachweislich einmal richtig gemacht. Zukünftig machst du es einfach nur immer häufiger richtig, bis es fast gar nicht mehr schiefgehen kann. Den Weg dorthin nennt man schlicht und simpel »Training«.

Sofern das Werfen noch nicht nach deinen Wünschen und zu deiner Zufriedenheit geklappt hat, so kommen wir an dieser Stelle zu einem weiteren wichtigen und geradezu elementaren Aspekt unseres Sports: der Fehleranalyse.

7

Fehleranalyse – Fehler erkennen und beheben

Trial and Error

Versuch und Fehlschlag werden dich als ständige Lehrmeister im Verlauf deines weiteren Trainings immer treu begleiten, das verspreche ich dir jetzt schon. Unsere Sportart ist technisch hoch anspruchsvoll und eben deswegen nicht gerade einfach zu erlernen – auch wenn das Endergebnis bei fortgeschrittenen, langjährigen Werfern oft so leicht und spielerisch aussieht. Diese scheinbare Leichtigkeit kann den Trainierenden anfangs hin und wieder ganz schön frustrieren. Lass dich davon bitte nicht abschrecken oder bremsen, denn Messerwerfen ist nun einmal ein sehr feinmotorischer, filigraner Sport und stellt somit absolut hohe Anforderungen an deine koordinativen Fähigkeiten. Ich beschreibe das Messerwerfen deswegen immer gerne als eine Mischung aus Kampfsport, Sportschießen, Jonglieren und Meditation.

Sofern du dich anfangs über so manchen Fehlwurf ärgern magst, so bedenke bitte zu deiner Beruhigung: Ich selbst habe in meiner Laufbahn mit Sicherheit inzwischen 100 mal mehr Fehlwürfe gemacht, als du bislang überhaupt nur Wurf-Versuche gestartet hast. Nur an den eigenen Fehlern, der selbstkritischen Analyse und der nachhaltigen Korrektur wirst du wachsen. Fehlwürfe gehören gerade in der Startphase einfach dazu, und den Messern macht es zum Glück nicht viel aus.

Während sich zum Beispiel ein Bogenschütze nach dem Abschuss überhaupt keine Gedanken mehr zu machen braucht, ob der Pfeil auch tatsächlich mit der Spitze voran in seiner Zielscheibe stecken bleibt, müssen wir uns noch zusätzlich mit dem Problem der rotierenden Messer herumschlagen. Diese Bewegung ist dabei keinesfalls nur von Nachteil, denn die kinetische Energie der Rotation sorgt tatsächlich für eine Flugbahn-Stabilisierung des Messers – so, wie das sich drehende Rad des Fahrrads eine stabilisierende Wirkung auf die Spur des Fahrzeugs hat. Somit bewirkt die Rotation der Wurfwaffe am Ende eine Präzisierung deiner Würfe.

Mit einer Einschränkung: Es nützt uns im Endeffekt überhaupt nichts, wenn wir zwar immer die Mitte der Scheibe treffen, das aber leider nur mit dem Messergriff! Auch das sind schlussendlich nur »null Punkte«.

Wie aber kommt nun diese Rotation zustande? Ganz einfach: Die Wurfbewegung des Messerwerfers wird von zahlreichen Hebeln des menschlichen Körpers beeinflusst und gestaltet, die im Verlauf der Gesamtbewegung alle miteinander harmonieren müssen. Primär handelt es sich dabei um das Zusammenspiel von Schulter, Ellenbogen und Handgelenk. Im weiteren Sinn – also sekundär – gehören dazu aber auch noch die Bewegungen von Oberkörper (der sich beim Abwurf automatisch ein wenig nach vorne neigt), Hüfte (die sich einwärts dreht) und Beinen (die dem Abwurf durch ein Durchstrecken oder sogar ein Heben des hinteren Beins einen zusätzlichen Impuls geben können).

Damit erkennst du gleichzeitig, dass diese vielen Hebel auch alles Fehlerquellen sein können. Da der werfende Arm immer einen halbkreisförmigen Bogen beschreibt, wird diese Kreisbewegung einfach nur auf deine Wurfwaffe übertragen, die sich nun nach dem Abwerfen ebenfalls zu drehen beginnt.

Form- oder »Luxus«-Fehler

Kommen wir zunächst zu den so genannten »Luxus«-Fehlern. Damit bezeichnen wir Würfe, bei denen die Messerklinge zwar in der Scheibe steckt, aber eben nicht »schön«, also rechtwinklig mit 90 Grad. Das ist erstmal egal, denn es sind und bleiben gültige Würfe, hat aber eine physikalische Ursache.

Wenn auch die drei Meter Abstand uns noch den einen oder anderen kleinen Fehler verzeihen, sind später die etwas größeren Distanzen nicht mehr so großzügig. Nur ein kleiner Fehler bei der Kurzdistanz macht ein erfolgreiches Vergrößern deiner Wurfdistanzen rasch unmöglich.

Kommen wir also direkt zu den beiden »Klassikern«, der Über- und der Unterrotation.

Überrotierte Würfe

Diese Würfe stecken immer mit einem nach oben geneigten Griff in der Scheibe. Das bedeutet, dass dein Messer noch einen »Tick« weiter rotiert ist, als es eigentlich sollte. Primäre Ursache dafür kann eine zu große Distanz sein. Sofern also deine Abmessungen es zulassen, so gehe einfach mal eine Fußlänge näher an die Distanzmarkierung heran, und der Fehler dürfte beim nächsten Durchgang schon behoben sein.

Wenn du jedoch bereits ganz vorne an der Drei-Meter-Markierung stehst, liegt der Grund woanders. Eventuell ist dein Messer zu kurz. Kur-

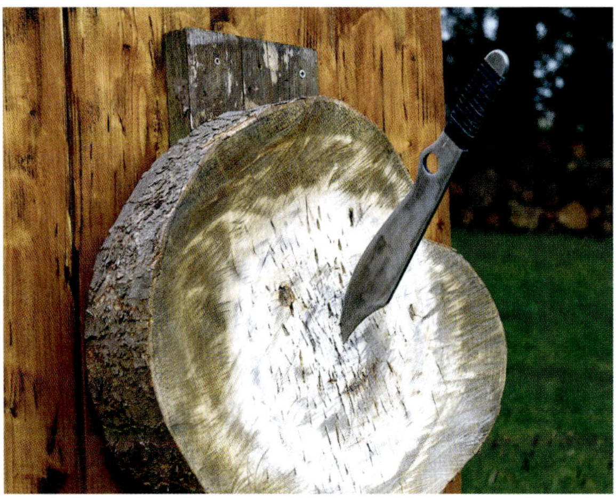

Der überrotierte Wurf zählt zwar, ist aber technisch nicht korrekt.

ze Messer drehen schneller als längere Modelle. Versuch es einmal mit einem längeren Wurfmesser.

Denkst du noch immer an das »Nachhalten« und damit an die Weiterführung der Halbkreisbewegung deines Wurfarms? Bitte niemals nach dem Loslassen des Messers die Armkreisbewegung abrupt abbrechen, wie es beispielsweise der Darts-Werfer macht, der fast ohne Schultereinsatz und nur aus Ellbogen- und Handgelenk wirft. Dadurch kann das Messer in unkontrollierbar rasche Rotationen versetzt werden, die dann bestenfalls »nur« zu kleinen Schönheitsfehlern wie dem schrägen Einschlag führen können. Im ungünstigsten Fall steht am Ende ein totaler Fehlwurf. Messerwerfen wird auf diese Weise unweigerlich zum »wilden Schleudern« und damit am Ende zum reinen Zufallsprodukt.

Weiter: Hebst du möglicherweise beim Abwurf das hintere Bein zu stark an? Oder streckst du es sogar nach hinten weg? Lass den hinteren Fuß am Boden »kleben«, denn bereits nur das Anheben der Ferse führt zu einer Rotationsbeschleunigung deines Messers: kleiner Hebel, große Wirkung. Und halte zudem den Oberkörper dabei so aufrecht wie möglich.

Ist dein Handgriff vielleicht zu locker? Halte dein Messer eine Nuance fester in der Hand. Denke dabei nochmals an den kleinen Hammer, um Nägel einzuschlagen.

Halte dein Handgelenk ruhiger, also weniger bis möglichst gar nicht abklappen.Und vor allem keinen »Schnapp«-Impuls mitgeben!

Unterrotierte Würfe

Sie offenbaren den genau umgekehrten Fall. Das Messer »hängt« mit dem Griff nach unten – wie ein Tropfstein in der Höhle – an der Wurfscheibe und hatte nicht genug Platz oder Schwung, sich weiter zu drehen.

Bei Unterrotationen ist meistens einfach nur die Wurfdistanz zu kurz bemessen. Dieser Fehler tritt auch zu Beginn in der Praxis wesentlich häufiger auf als die Überrotation. Aufgrund der eben beschriebenen Hebelverhältnisse ist das oft bei groß gewachsenen Werfern der Fall, die

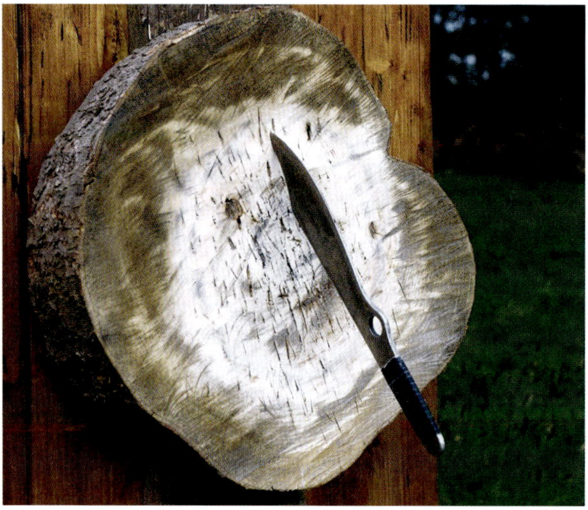

Analog zur Überrotation: Der unter-rotierte Wurf.

zudem noch stark aus der Schulter heraus werfen. Um das zu korrigieren, hilft es dir bestimmt sofort weiter, zunächst nur einen bis zwei Fußlängen weiter zurück zu gehen, und das Problem wird sich wahrscheinlich bei einem Wurf aus etwa 3,5 Metern erledigt haben. Ist die Unterrotation jedoch so stark, dass es auch dann immer noch zum gleichen Fehler kommt, sollten wir gemeinsam einmal etwas genauer hinschauen.

Fehlerquelle 1

Du wirfst möglicherweise mit äußerst starkem Schulter- und gleichzeitig zu geringem Ellbogenimpuls. Mach es dir bitte nicht unnötig schwer, denn auf diese Art zu werfen ist sehr kräftezehrend. Deine Messer kommen so zwar mit einer sehr hohen Geschwindigkeit auf die Scheibe zugeschossen, doch sie drehen sich zu langsam und bleiben dadurch oft einfach nicht stecken.

Versuche vielmehr darauf zu achten, den Ellenbogen beim Abwurf mehr nach innen zu drücken und deinen Wurf mehr aus dem Ellbogengelenk heraus in einer Schleuderbewegung – direkt an deinem

Kopf vorbei – auf das Ziel zu »peitschen«. Die Messer drehen sich dann erstens ein wenig schneller, fliegen aber auch vor allen Dingen präziser in die gewünschte Richtung. Halte weiterhin dein Handgelenk während der Ausholbewegung gerne eine Spur lockerer.

Zuletzt noch ein kleiner Hinweis für den Trainingsverlauf deiner ersten Versuche aus der kurzen Distanz: Durch die langsam und stetig wachsende Automatisierung des Bewegungsablaufes werden deine Wurfbewegungen innerhalb der ersten 50 Versuche immer flüssiger und lockerer. Du lässt es mit der Zeit im Idealfall einfach nur noch »flutschen«. Auch dieses »Lockerwerden« kann dafür sorgen, dass sich die Rotationen deiner Messer spürbar beschleunigen und du damit deine Distanz wieder um einige Zentimeter verringern kannst.

Fehlerquelle 2

Du gehörst vielleicht zu den Hammergriff-Werfern, die rein instinktiv und von Beginn an, ohne dass man es ihnen sagt, den Daumen statt an der Seite des Griffs auf die Griffrückseite legen.

Wie bereits an anderer Stelle gesagt, so ist das Messerwerfen eine sehr »gesetzlose« Sportart, und sofern du dich mit dieser Griffvariante wohl fühlst, dann bleibe auch ruhig dabei. Keine Richtlinie, kein Paragraf und kein Gesetz der Werferwelt schreiben dir vor, dass wir unsere Messer ausschließlich auf eine bestimmte Art anfassen dürfen. Viele mir bekannte und sehr erfolgreiche Sportwerfer schwören auf diese Hammergrifftechnik, doch sie kommen dabei um die bereits im ersten Abschnitt von Kapitel 2 besprochene entscheidende Gesetzmäßigkeit nicht herum.

Der aufgelegte Daumen ist ein starkes »Gegenlager« zur Wurfrotation, und dieses Gegenlager in Verbindung mit dem kaum mehr beweglichen und arretierten Handgelenk verzögert beim Herausgleiten-Lassen aus der Hand die Rotationsgeschwindigkeit immens. Gelegentlich werfe ich aus Spaß und Experimentierfreude mit dieser Technik, obwohl ich eigentlich den Side-Pinch bevorzuge, also den Griff mit seitlich angelegtem Daumen. In diesem Fall muss ich allein schon die Kurzdistanz um 80 Zentimeter erweitern und damit aus 3,8 Metern Entfernung werfen, um einen erfolgreichen Wurf mit nur einer Drehung zustande zu bringen. Das wäre aus meiner Sicht ein Nachteil, denn ich verschenke so im Wettbewerb wertvolle Distanz, indem ich mich freiwillig ein zusätzliches Stück vom Ziel entferne, ohne dass ich es müsste.

Vorteilhaft ist der Hammergriff – sofern er dir liegen sollte –, sobald du im Zuge des weiteren Trainings dazu fähig bist, auch über größere Distanzen zu werfen. Beherrschst du die Technik zuverlässig, so kannst du beispielsweise aus fünf Metern Entfernung mit einem langen Wurfmesser diese Distanz mit einer einzigen Rotation überbrücken, und aus sieben Metern mit zwei Drehungen. Weniger Rotationen bedeuten – natürlich stark vereinfacht betrachtet – auch eine Verminderung der möglichen Fehlerquellen, so dass fortgeschrittene Hammer-Techniker dann dazu übergehen, aus drei Metern irgendwann nur noch eine halbe Rotation zu werfen.

Ein weiterer kleiner Nachteil dieser Daumenauflage kann sich allerdings vereinzelt darin äußern, dass es zu geringfügigen »Unwuchten« beim Abwurf kommen kann: Drücke ich mit dem Daumen beim Loslassen des Messers versehentlich zu stark auf die linke oder rechte Seite des Griffs, so kommen »Schraubendrehungen« zustande wie beim Turmspringen von der Zehn-Meter-Plattform. Die Messer drehen sich dann um die Längsachse und können infolgedessen ein wenig chaotisch in der Scheibe steckenbleiben.

Schiefes Steckenbleiben

Das ist prinzipiell keine schlimme Sache, solange das Messer eben am Ende in gültiger Form mit der Spitze voran steckt. Sofern du hier jedoch aus »kosmetischen« Gründen eine Korrektur vornehmen willst, kann diese geringfügige Fehlstellung folgende Ursachen haben:

- Möglicherweise liegt es an der eben beschriebenen Wirkung des leicht ungleichmäßig aufgelegten Daumens beim Hammergriff-Wurf. Wenn

Ebenfalls ein zählender, aber technisch nicht korrekter Wurf: Das Messer steckt nicht senkrecht in der Scheibe, sondern schräg.

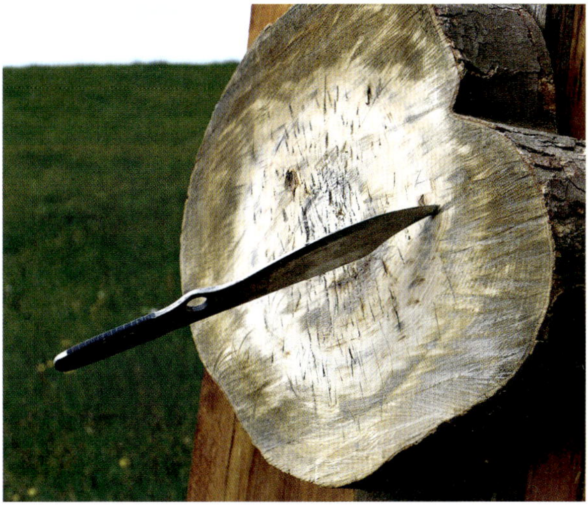

du diese Unregelmäßigkeit korrigieren willst, so musst du dabei einfach nur im weiteren Verlauf deines Trainings erfühlen, wie du deinen Daumen beim Auflegen besser zentrieren kannst. Nach ein paar Durchgängen müsstest du es grundsätzlich recht gut von selbst beheben können, wenn du dich darauf konzentrierst. Dabei kann es auch helfen, das Messer weiter hinten am Griff festzuhalten, so dass es leichter aus der Hand gleiten kann. Es dreht dann wiederum ein wenig schneller.

- Eine zweite mögliche Ursache kann darin liegen, dass du deinen Ellenbogen in der Ausholbewegung zu weit nach außen bewegst und dein Arm dann beim Abwurf in eine Art Schlenkerbewegung gerät. Das wiederum kann zur direkten Folge haben, dass deine Abwurf-Hand eine Schräghaltung annimmt und diese kleine Fehlhaltung an die Wurfwaffe weitergibt. Zum Schluss wird daher auch dein Messer ein wenig windschief und verdreht in der Scheibe stecken. Die Korrektur für diesen Fall lautet: Hol' den Ellbogen rein und konzentriere dich auf eine nach vorne stechende, peitschende Bewegung, direkt an deinem Kopf vorbei.

Komplette Fehlwürfe

Immer wieder mal gibt es völlige Fehlwürfe, die weder steckenbleiben noch überhaupt die Scheibe treffen. Sie begleiten auch jeden fortgeschrittenen Werfer wie gute alte, aber etwas nervige Bekannte, die ab und zu vorbeischauen – dies gerne völlig ungefragt, zur unpassendsten Gelegenheit und ohne jede Einladung. Doch schließlich sind wir Menschen und keine Maschinen, und das bedeutet, dass jeder Wurfsportler immer daran arbeitet, durch die Automatisierung seiner Bewegung das Fehlwurfrisiko so gering wie möglich zu halten. Ganz ausschalten kann man diese potenzielle Gefahr letzten Endes allerdings nie – auch in der absoluten Weltklasse nicht.

Wenn du gerade erst mit dem Messerwerfen begonnen hast, so mündet dieser Teil der Trainingspraxis oft in einen Test deiner persönlichen Frustrationsgrenzen. Vor allem in der Anfangsphase können einem Fehlwürfe schnell auf die Nerven gehen und dich schlimmstenfalls demoralisieren. Dabei ist jedoch Folgendes für dich äußerst wichtig zu erkennen: Du wirst erstens rasch merken, dass es immer von großem Vorteil ist, mit einem positiven, entspannten und ruhigen Geist an dein Training zu gehen. Laien denken oft, dass man mit einer Art »gesunder Aggression« ans Werk gehen muss, doch das Gegenteil ist der Fall.

Aggression und Anspannung lassen deine Würfe vielleicht kraftvoller werden, doch das geht dann häufig zu Lasten der erforderlichen Präzision und führt damit regelmäßig zu Fehlwürfen. Dein Training sollte vielmehr zu einem Zeitpunkt stattfinden, an dem du »gut drauf« bist, einen schönen Tag hattest oder dir eine Sache besonders gut gelungen ist. Insbesondere innerhalb der ersten 20 Minuten deines Trainings, der klassischen Aufwärmphase, lerne bitte nachsichtiger mit dir und deinen Leistungen zu sein. Die Bewegungsabläufe für erfolgreiche Messerwürfe müssen sich innerhalb dieser notwendigen Zeitspanne erst einmal festigen und automatisieren.

Du bist daher gut beraten, die Distanz zum Ziel in dieser Zeit nicht zu groß werden zu lassen. Ein Hundertmeterläufer geht ja auch nicht ohne Aufwärmen an den Startblock, um dann sofort seine persönliche Bestzeit zu sprinten. Du wirst im Zuge des kurzen Aufwärmens ganz allmählich merken, wie die auszuführende Bewegung für dich immer angenehmer, natürlicher und selbstverständlicher wird. Wenn du nun im Verlauf deiner Wurfserien von drei Würfen immer mal wieder einen oder auch zwei Fehlwürfe hast, so ist dein Training trotzdem erfolgreich. Denn schließlich landest du ja auch regelmäßig wiederkehrend Treffer, die sich sehen lassen können.

Diese Tatsache lässt daher den logischen Schluss zu, dass du in Einzelfällen bereits werfen kannst und weißt, wie es geht. Alles Weitere nennt man eben Automatisierung, so dass du nach einer gewissen Zeit der Trainingspraxis beim Grundwurf aus drei Metern immer seltener Fehler machst. Und irgendwann wirst du voraussichtlich eine halbe Stunde durchwerfen, immer mal wieder an deinem Kaffee nippen, und danach verblüfft feststellen, dass kein einziges Messer heruntergefallen ist.

Wenn du bereits in der Anfangszeit deiner Messerwerfer-«Karriere« in die Ursachenforschung einsteigen willst, hier nochmal die wichtigsten Eckpunkte:

1. Stimmt deine Distanz noch? Eventuell musst du die Entfernung zum Ziel korrigieren und deine Position verändern. Sieh dazu nochmals bei der Korrektur der Über- und Unterrotationen nach. Um eine eindeutigere Fehleranalyse zu betreiben, lasse dich am besten mal von einem Trainingspartner filmen, oder filme dich selbst beim Training. Auf diese Weise kannst du viel leichter erkennen, ob deine Messer nun überrotieren oder zu wenig Drehimpuls haben. Anschließend kannst du deine Technik oder die Distanz zum Ziel daran ausrichten.
   Gerade Fehler in deinem Bewegungsablauf kannst du auf diesem Wege der Aufzeichnung wesentlich einfacher sichten, erkennen und effektiv beheben. Im Zuge deines Trainings werden deine Würfe außerdem im Regelfall immer flüssiger und lockerer werden, so dass du dann erfahrungsgemäß deine Distanz Stück für Stück wieder ein wenig verringern kannst.

2. Wirfst du nach wie vor kraftvoll genug? Ich stelle oft beim gemeinsamen Training mit Neulingen fest, dass zu Beginn eine gewisse Scheu überwunden werden muss, ein Messer zu werfen. Mit Bällen, Steinen oder einem Frisbee zu werfen, stellt für die meisten Menschen kein Problem dar, doch sobald ein »Novize« ein Messer in der Hand hält, fühlt er sich eventuell und instinktiv ein wenig unwohl dabei. Das ist oft reine Erziehungssache (»Messer, Gabel, Schere, Licht …«) und muss für unseren Sport vollständig überwunden werden. Unsere Wurfmesser sind nichts weiter als Sportgeräte, also wirf bitte stets beherzt, mutig und mit dem richtigen Schwung.
   Denke beim Training nach Möglichkeit weniger an den Gegenstand, den du in der Hand hältst, sondern in erster Linie an das Ziel und den Punkt auf der Scheibe, den du treffen willst. Das wird dir sicherlich weiterhelfen. Du kannst anfangs auch gerne ein paar Probewürfe mit einem Gummi- oder Tennisball oder zur Not auch mit Steinen machen, um dich auf das Werfen auf eine Zielscheibe einzustellen, bevor du dann das Messer nimmst.
3. Ist deine Wurfbewegung nach wie vor rund und flüssig? Achtest du immer noch auf das wichtige Nachhalten und die Halbkreisbewegung des Wurfarms?

Das sind zunächst die rein technischen Aspekte, die du im Zuge deines Trainings berücksichtigen musst, um raschere Fortschritte zu erzielen. Zu den nicht-technischen – sprich den mentalen Kriterien – sage ich später ebenfalls noch ein paar Worte, denn diese Faktoren sind beinahe noch entscheidender.

8

Position und Stand

»Wenn du lernen willst, deinen Gegner zu besiegen, so musst du zunächst lernen, sicher zu stehen.«
Gichin Funakoshi, Begründer des modernen Karate

Normale Fußstellung

Hier an diesem Punkt komme ich erneut auf die sprichwörtliche »Gesetzlosigkeit« unserer Sportart zu sprechen. Was das Anfassen unserer Messer betrifft, gilt auch für unsere Ausgangsposition beim Werfen. Das bedeutet ganz einfach: Es gibt keine allgemeingültige Regel, wie der Werfer zu stehen hat. Was es allerdings sicherlich gibt, ist ein rein statistischer Wert, welche Position ein Großteil der Sportwerfer bevorzugt einnimmt. Konkret heißt das: In den meisten Fällen stehen Sportwerfer in einer Links-Vorwärts-Stellung, was einfach nur aussagt, dass man als Rechtshänder (der Linkshänder verfährt genau umgekehrt) in einer mehr oder weniger tiefen, lockeren, unverkrampften Ausfallschritt-Position steht, in der der linke Fuß vorn ist.

Meistens geschieht das vollkommen automatisch, ohne dass der Werfer darüber nachdenkt. Auch bei den leichtathletischen Wurfdisziplinen ist diese Stellung der Füße beim Abwurf Gang und Gäbe. Der Vorteil liegt in der Kraftübertragung durch das scharfe Eindrehen der Hüfte und Schulter während des Wurfs. Wenn du einmal versuchst, einen Stein so weit wie möglich in einen Fluss zu werfen, wirst du mit großer Wahrscheinlichkeit auch völlig automatisch aus dieser Position werfen. Grob geschätzt, werfen etwa 85 Prozent aller Sportwerfer aus dieser Stellung heraus.

Andere Fußstellungen

Rechts vorwärts

Exotischere Standpositionen kann ich an dieser Stelle höchstselbst präsentieren, denn eine davon ist meine persönliche Wettkampf- und Wurfposition. Im genauen Gegenteil zu der oben beschriebenen Stellung stehe ich als Rechtshänder rechts vorne. Das hat jedoch auch Nachteile, die ich dir nicht verschweigen möchte, denn ich kann in dieser Position in den Wurf selbstverständlich nicht so viel Ganzkörperkraft hineinlegen, da der scharfe Hüft- und Schulterimpuls vollkommen fehlt. Diese Lücke muss ich durch zusätzliche Arbeit über die Trizeps- und Brustmuskulatur ausgleichen.

Dass das funktionieren kann, hat die TV-Sendung »Galileo« (Pro Sieben) bereits 2007 getestet, indem man per Highspeed-Kamera die Geschwindigkeit meiner fliegenden Messer mit knapp 55 Stundenkilometer gemessen hat. Auch kraftvolle Werfer, die konventionell links-vorwärts stehen, werfen im normalen Trainings- und Wettkampfbetrieb selten schneller als mit 60 Stundenkilometern. Doch mein Wurfarm hat dabei auf alle Fälle mehr zu tun.

Als Karate-Sportler kann ich einige Parallelen zum Budo-Sport aufzeigen, denn auch im traditionellen Karate gibt es den geraden Fauststoß vorwärts, den »Oi-Zuki« im Vorwärtsgehen. Dabei befindet sich die stoßende Faust ebenfalls über dem vorwärts stehenden Fuß, wodurch der Karate-Kämpfer kurzzeitig zum »Passgänger« wird – eine zunächst als sehr unnatürlich empfundene Bewegung, die in jedem Fall eine gewisse Zeit der Eingewöhnung erfordert.

Und nicht zuletzt im Schwertkampf wie auch im Fechtsport ist diese Position eine wichtige Voraussetzung zur Erhaltung der eigenen Gesundheit. Beim Schwertstreich mit der rechten Hand muss zwingend auch der rechte Fuß vorne sein, denn geht der Schwerthieb fehl, würde sich der Schwertkämpfer seine Waffe ansonsten in das linke Knie schlagen. Der Degenfechter hat in gleicher Weise stets seine Stoßhand über dem Knie der gleichen Körperhälfte, um auf diesem Weg die Distanz zum Gegner mit einem tiefen Ausfallschritt schneller überwinden zu können.

Wo aber liegt der Vorteil der »verkehrten« Fußstellung beim Messerwerfen? Bei meiner Position ist es leichter, die rechte Schulter exakter

Fußstellung: Im lockeren Ausfallschritt je nach Präferenz des Werfers. Dementsprechend bevorzugen Linkshänder rechts vorn, Rechtshänder hingegen links vorn.

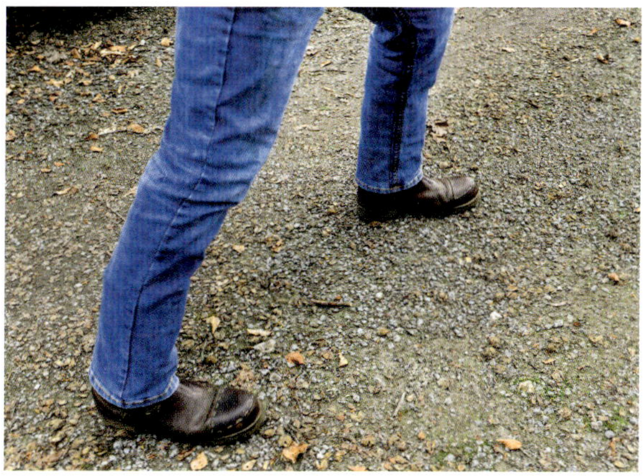

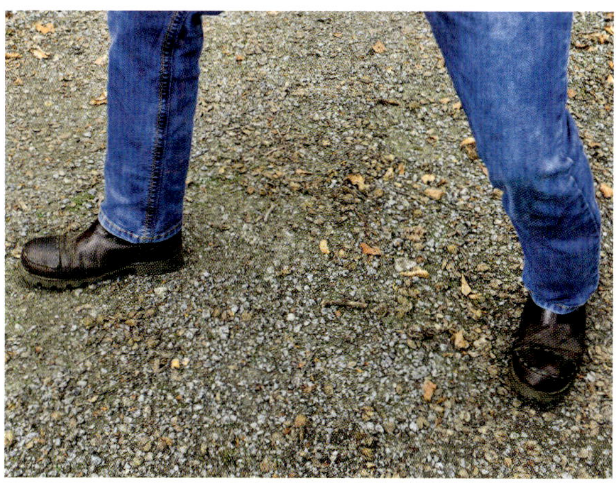

und gerader in der Ziellinie zu halten, und damit habe ich ein Instrument in der Hand, das mir das Anvisieren erleichtert. Das bedeutet, ich werfe auf diese Weise für meine Verhältnisse einfach präziser. Ich bin zwar auch in der Lage, in der konventionellen Stellung zu werfen, was meine Würfe dann durchaus noch ein klein wenig kraftvoller macht, aber gleichzeitig leider auch ungenauer. Weiterhin stehe ich stabil, und auch mein hinterer Fuß »klebt« stets am Boden. Das ist jedoch reine Geschmackssache und eben keine Vorschrift für jedermann.

Cowboystellung

Noch weiter abseits der Norm liegt die Cowboystellung, die vorwiegend von den Werfern aus der Tschechischen Republik bevorzugt wird. Die Beine stehen dabei wie bei einem Cowboy im Revolverduell locker parallel nebeneinander in einer Art verkürzter Reiterstellung auf dem Boden, der Werfer also mit seinem Körper vollkommen frontal zum Wurfziel. Die Würfe werden mit einer leichten Bogenspannung des Oberkörpers in ihrer Bewegung eingeleitet und verstärkt, indem der Werfer den Rücken in der Ausholbewegung ein wenig nach hinten neigt und dann beim Abwurf durch ein starkes Anspannen der Bauchmuskulatur nach vorne schnellen lässt. Ich habe keine Erklärung dafür, warum diese Position

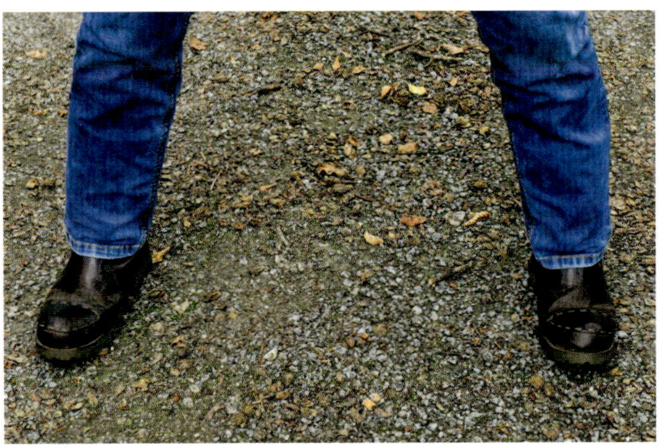

Die Cowboystellung: Breitbeinig, mit beiden Füßen etwa auf gleicher Höhe. Der Abstand entspricht (je nach Körpergröße) etwas mehr als der halben Beinlänge.

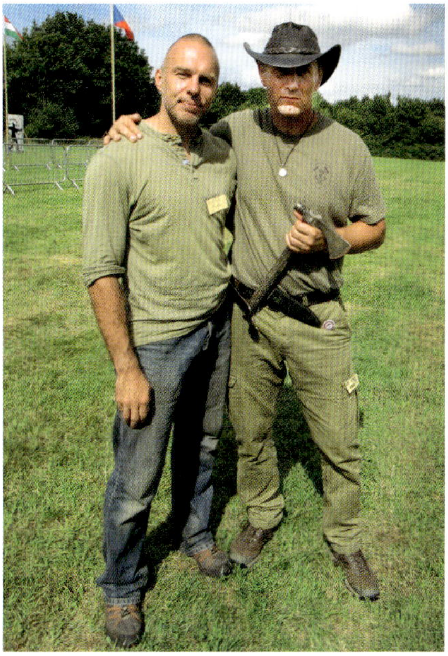

Der Tscheche Stanislav »Stany« Havel (rechts, mit Andy Fisher) wirft stets in der »Cowboystellung«. Im August 2014 in Callac (Bretagne) traf er bei seinem neuen Distanz-Weltrekord mit dem Tomahawk aus einer Entfernung von über 27 Metern.

nun ausgerechnet in Tschechien so populär ist, kann aber auf der anderen Seite nur attestieren, dass die Tschechen eine hervorragende Werfermannschaft auf Weltniveau haben, die im Jahre 2014 Weltmeister in der Mannschaftswertung geworden ist. Nahezu alle Teilnehmer aus der Tschechischen Republik werfen wie die Cowboys. Es scheint daher zu funktionieren, auch aus dieser ungewöhnlichen Stellung heraus seine Würfe gezielt und erfolgreich »abzufeuern«.

9 Die Weiterentwicklung deines Trainings

Wenn du dich schon eine Weile mit unserem Grundwurf aus drei Metern Distanz befasst hast, dann kommst du mit großer Wahrscheinlichkeit bereits nach kurzer Zeit an den Punkt einer fortgeschrittenen Automatisierung deiner Würfe. Das bedeutet, du wirst immer weniger Fehler machen, fokussierst höchstwahrscheinlich bereits zunehmend die Mitte der Zielscheibe und triffst auch immer besser. An dieser Stelle kann ich dich jetzt einladen, kurz innezuhalten – auch um zufrieden mit dir selbst zu sein. Denn bereits nach einigen Trainingstagen des Ausprobierens der richtigen Wurfbewegungen und des Erfühlens der erforderlichen technischen Abläufe wirst du jetzt den Kurzdistanzwurf inzwischen recht zuverlässig beherrschen. Klappt es möglicherweise bereits so sicher, dass du etwa 30 Würfe machst, ohne dass noch ein Messer »klingelt« und zu Boden fällt?

Dann kannst du an diesem Punkt gerne einen »Gang raufschalten«: Beim Messerwerfen wirst du jetzt eine grundlegende Gesetzmäßigkeit feststellen, sofern du inzwischen aus rund drei Metern gut und sicher triffst: Jede weitere Rotation deines geworfenen Messers bedeutet rund zwei Meter mehr an Distanz – natürlich immer vorausgesetzt, du wirfst ebenfalls mit dem Side-Pinch. Wenn du dich nun fragst, warum denn die erste Drehung deines Wurfs drei Meter benötigt: Ganz einfach deswegen, weil es mehr als eben nur eine Drehung ist. Es sind eher eineinviertel Rotationen, weil man als Werfer das Messer ja beinahe über dem Kopf loslässt.

Diese Gesetzmäßigkeit der zusätzlichen zwei Meter pro Messerrotation funktioniert selbstverständlich nur unter der Voraussetzung, dass du stets in der gleichen Art und Weise wirfst, denn darin liegt langfristig ja unser Trainingsziel und -erfolg. Allein die Automatisierung der Bewegung bewirkt am Ende, dass es von Wurf zu Wurf kaum noch Abweichungen im Bewegungsablauf geben wird. Und genau da wollen wir hin!

Wenn du dich nun gerade in der Kurzdistanz aufgewärmt und ein wenig ausgetobt hast, so bewege dich nun einfach noch mal weitere zwei Meter zurück, so dass du nun in einer Fünf-Meter-Entfernung zur Wurfscheibe stehst. Von dort sieht dein Ziel schon recht klein aus, stimmt's?

Doch keine falsche Scheu: Wirf nun das Messer genau so auf die Wurfscheibe, wie du es vor ein paar Minuten noch aus drei Metern Entfernung erfolgreich gemacht hast. Du wirst feststellen: Das Messer macht eine zweite Rotation und steckt erneut im Holz. Wenn nicht direkt das erste, dann steckt bestimmt zumindest eines aus der Serie.

Dabei wirst du weiterhin bemerken, dass diese erweiterte Distanz auch kleinere technische Fehler nicht mehr so leicht verzeiht wie die kurze Entfernung. Die Auswirkung eines leichten Bewegungsfehlers vervielfacht und potenziert sich durch die Vergrößerung der Distanz. Somit gilt hier der gleiche Rat wie zu Beginn: Habe bitte Geduld mit deinen Fortschritten, denn der Fünf-Meter-Wurf ist schon eine Hausnummer für Fortgeschrittene und erfordert eine gehörige Portion mehr Übung als die kurze Drei-Meter-Entfernung.

Passieren dir bei der neuen, größeren Distanz möglicherweise zwei oder mehr vollkommen vermasselte Serien hintereinander, dann ist es sinnvoll, immer mal wieder in die kurze Entfernung zurückzukehren und von dort erneut ein paar Durchgänge zu üben. Du wirst dich wundern, wie leicht dir das Werfen aus drei Metern auf einmal fallen wird. Danach, wieder besser im »Tritt«, kannst du gerne wieder auf fünf Meter gehen – wahrscheinlich mit mehr Erfolg. Bei dieser Vorgehensweise kannst du recht gut und praktisch erkennen, wie sich sportliches Messerwerfen aufbaut: Von nah zu weit, von großen zu kleinen Zielen und von leicht zu anspruchsvoll und schwierig.

Wie bereits kurz bemerkt, so geht es in unseren Wettbewerben in den Standard-Contests ja auch noch weiter zurück, indem wir auch aus sieben Metern Entfernung werfen. Das erfordert in unserem Training noch eine zusätzliche Drehung des Wurfmessers. Du musst also aus dieser Distanz dein Messer immer exakt so werfen, dass es nach Abwurf noch dreimal in der Luft rotiert. Du wirst außerdem feststellen, dass aus dieser Entfernung nicht nur das Zehn-Zentimeter-Bullseye ganz schön klein aussieht, sondern die ganze Scheibe!

Ein wenig übermotivierte Starter, die sich zu früh und ohne vernünftige Aufbauarbeit in diese Königsdistanz begeben, werfen dann und wann sogar komplett an der Scheibe vorbei. Das führt uns wieder zu der Regel zurück, dass sportliches Messerwerfen in der Tat davon lebt, methodisch und systematisch trainiert und eben langfristig aufgebaut zu werden. Gehst du hingegen zu schnell und zu ungeduldig in die weiten Entfernungen, so mutiert dein Training rasch zu einer Art »wildem Schleudern« mit etwa 30 Prozent Trefferquote. Und das gilt es zu vermeiden, damit du dich nicht unnötig frustrierst.

Weiterhin sei auch angemerkt, dass man diese »Zwei-Meter-pro-Drehung«-Regel natürlich nicht unendlich fortsetzen kann, denn je weiter du dich von der Scheibe wegbewegst, desto höher wird auch die ballistische Flugbahn deiner Messer. Die Schwerkraft lässt grüßen! Irgendwann – das beginnt bei mir persönlich etwa nach 13 Metern – musst du einen Teil deiner Kraft allein zu dem Zweck einsetzen, der Flugbahn deiner Messer mehr Höhe zu verleihen. Mehr Höhe bedeutet insgesamt aber auch eine längere Wegstrecke, die das Messer zurücklegt. Damit verringert sich bei den langen Distanzen so ganz allmählich, Schritt für Schritt, auch die Maßeinheit in Metern am Boden, die das Messer pro Drehung braucht.

Ich möchte dir zum Schluss des Abschnitts erneut den Rat ins Gedächtnis zurückrufen, geduldig und nachsichtig mit dir selbst zu sein. Es ist niemand mit der Peitsche hinter dir her! Um konkrete Zahlen zu nennen: Bei jedem Anfänger erfordert das Werfen aus fünf Metern Distanz gerne zwei Monate bis zu einem halben Jahr der Vorbereitungs- und Trainingszeit, bis eine gewisse Stetigkeit erfolgreicher Würfe zu erkennen ist. Auch du wirst deine Zeit brauchen, doch es lohnt sich auf jeden Fall!

10

Alternative Greif-Varianten

Messerwerfen ist eine ungemein vielseitige und facettenreiche Sportart. Das zeigt sich unter anderem auch an den mannigfaltigen Möglichkeiten, das Messer vor dem Abwurf zu fassen. Zwei unterschiedliche Varianten, wie du dein Messer vor dem Abwerfen in der Hand halten kannst, kennst du bereits: den Side-Pinch-Grip und den Hammer-Grip. Der elementare Unterschied zwischen den beiden ist die Position des Daumens auf der Rückseite des Messergriffs beim Hammer-Grip, der eine deutliche Verlangsamung der Messerrotationen bewirkt. Hinzu kommt noch, wie bereits an anderer Stelle beschrieben, die Drehung der Hand um knapp 90 Grad. Abgesehen davon gibt es noch weitere Variationen, die sich aber eher aus der Tatsache ableiten, dass manche Messermodelle kaum eine andere Technik zulassen.

Der »Pinch-Grip«

Der »Pinch-Grip« ist beispielsweise auch so ein »Klassiker«, den du vielleicht schon einmal gesehen hast: Manche Messer sind nämlich derart klein, dass man sie lediglich zwischen Daumen und Zeigefingergelenk an der Spitze anfassen mag. Diese Technik ist zum einen sehr kräfteraubend und führt auf der anderen Seite zu Messerrotationen, die derart schnell sind, dass man sie nur äußerst schwer kontrollieren kann.

Als ich im September 2007 für die Sendung »Galileo« des Senders ProSieben unter anderem kleine Steakmesser, Zimmermannsnägel und Schraubendreher werfen sollte, um die Sendung für den Zuschauer etwas

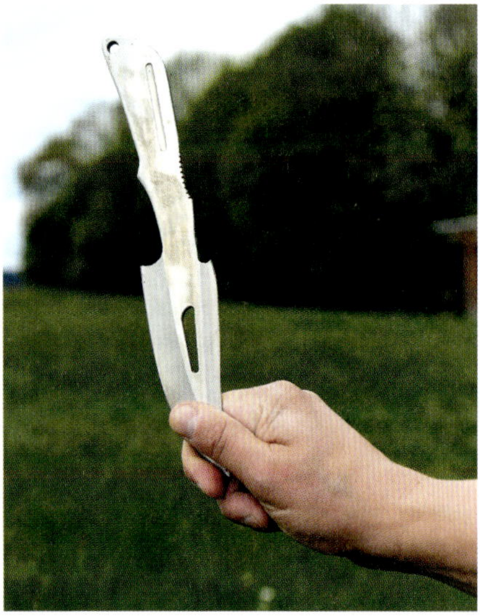

Der »Pinch-Grip« ist eine klassische Griffweise und wird vor allem bei kleinen Messern angewendet. Dabei sollte man aber auf seine Finger aufpassen, falls die Klinge scharf ist.

bunter zu machen, habe ich diese Gegenstände aus reiner Not heraus auch mit dem Pinch-Grip geworfen. Ich wusste mir einfach nicht anders zu helfen, doch es hat zum Glück ganz gut funktioniert.

Der Klemmgriff

Wer den Pinch-Grip nicht mag, der kann alternativ auch den »Klemmgriff« oder auch »Horizontal Blade Grip« anwenden. Dieser eignet sich vor allen Dingen für leichtere Klingen und vorzugsweise für Messer mit scharfer oder sogar beidseitig scharfer Klinge, wie man sie bei militärischen Kampfmessern oder »Tactical Knives« oft findet.

Ein Verletzungsrisiko an der Hand ist dabei ausgeschlossen, doch das Einüben des Wurfs ist nicht ganz so leicht. Auch hier führt der Griff mit Daumenauflage zu einer starken Verlangsamung der Rotationsgeschwindigkeit des Messers. Mit ein wenig Übung kannst du die Drehungen des Messers auf diese Art und Weise derart entschleunigen, dass du irgendwann aus fünf Metern Distanz auch ein kürzeres Messer mit nur einer halben Drehung auf dein Ziel werfen kannst.

Es wird dabei mit hohem Einsatz des Rückens und der Schulter geworfen, nicht vornehmlich aus einer Ellenbogenbewegung heraus. Die Messer treffen mit einer hohen Geschwindigkeit auf das Ziel, stecken aber oft ein wenig chaotisch im Holz, da sie sich während des kurzen Fluges unweigerlich auch um ihre eigene Längsachse drehen. Das liegt einfach nur daran, dass man das Messer mit dieser Technik mit der gesamten Fläche voran wirft, nicht mit dem schmalen Messerrücken.

Nach den Gesetzen der Aerodynamik sucht sich der fliegende Körper in der Luft die widerstandsärmste Flugposition und beginnt, sich um die Längsachse zu drehen. Auch aus diesen Gründen ist der Wurf mit dem Klemmgriff vor allen Dingen und vorrangig für kleinere Distanzen geeignet. Bei mir persönlich leidet allerdings neben dem rein ästhetischen Aspekt auch die Zielgenauigkeit, weshalb ich diese Technik im Wettbewerb keinesfalls anwenden möchte. Doch ist es für uns auf alle Fälle interessant zu wissen, dass es sie gibt.

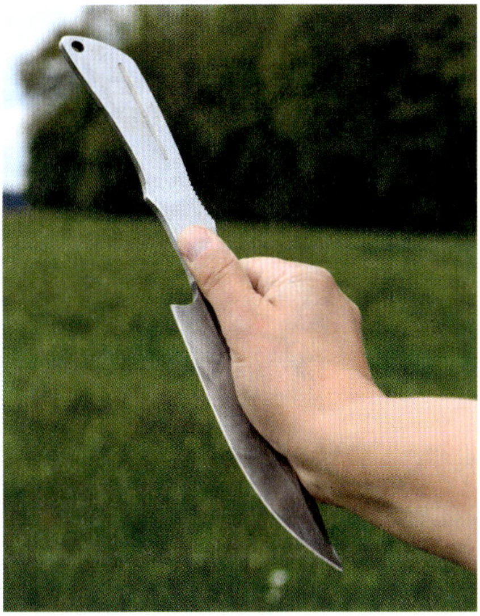

Der Klemmgriff wird auch als »Horizontal Blade Grip« bezeichnet und eignet sich besonders für leichte Wurfmesser, die zudem noch eine oder gar zwei scharfe Schneiden haben.

Der »Wildwest«-Klingenwurf

Falls du ebenfalls ein Western-Fan bist, so erinnerst du dich vielleicht, dass die Helden in den Wildwest-Spielfilmen fast ausschließlich ihre Messer von der Klinge abwerfen. Diese Art des Werfens fand ich persönlich als Jugendlicher höchst faszinierend, weil es natürlich auch irgendwie »cool« aussah. Aus heutiger Sicht ist für mich der Grund für den Klingenwurf bei einem Gebrauchsmesser recht einfach nachvollziehbar: Bei einem Arbeitsmesser sind die Griffe oft ergonomisch gebaut, mit Handschutz, Parierstange und Knauf gegen das Abrutschen. Diese Teile erleichtern das normale Arbeiten mit solchen Messern, erschweren aber den Abwurf vom Griff. Auf der anderen Seite sind diese Messerklingen immer sehr scharf geschliffen, so dass ich hier auf ein paar Besonderheiten in der Abwurftechnik hinweisen möchte. Wir wollen ja nicht unnötig zum Heftpflaster-Großeinkäufer werden.

Um das Training des Klingenwurfs überhaupt zu beginnen, empfiehlt sich in erster Linie zunächst der Wurf mit stumpfen Wurfmessern (zum Beispiel dem »Pro-Balance-Thrower«) oder ohne scharfe Klinge. Ich persönlich rate zugleich davon ab, die vor einigen Seiten besprochene Hammergriff-Technik mit aufgelegtem Daumen auf den Klingenwurf zu übertragen, denn diese Technik würde ausschließlich und allein bei einem Wurf mit einem tatsächlich völlig stumpfen Messer verletzungsfrei funktionieren.

Nur eines ist klar: Sobald der Werfer auf diese Art und Weise ein scharfes Messer zu werfen beabsichtigt, schneidet er sich unweigerlich entweder in den Daumen oder umgekehrt in die Innenseiten der Finger. Es ist also vollkommen egal, wie herum der Werfer das Messer auch hält, eine Verletzung ist eigentlich vorprogrammiert. Daher bitte diese Technik ausklammern und nach Möglichkeit auf den Side-Pinch-Grip ausweichen, bei dem der Daumen an der Seite der Klinge anliegt.

Da du ja inzwischen über die Wechselwirkung von Distanz und Rotation des Messers Bescheid weißt, so kannst du dir jetzt erstmal kurz das Leben erleichtern: Du begibst dich nämlich zum Austesten des Klingenwurfs in eine Entfernung von lediglich zwei Metern zum Ziel, aus der dein Messer nur noch eine gute halbe Rotation vollführen muss.

Den Basiswurf aus drei Metern beherrschst du ja bereits recht vernünftig, somit ist ein Wurf aus einer verminderten Distanz für dich nun sicherlich eine Kleinigkeit. Dabei ist aber folgender technischer Aspekt wichtig, damit du auch zukünftig Messer mit einer scharfen Klinge auf gleiche Weise werfen kannst: Achte immer darauf, dein Messer im Abwurf stets gerade zu halten, mit der scharfen Seite nach außen, nicht in Richtung der Handfläche!

Machst du es falsch, so führen allein der Abwurf und die damit sofort einsetzende Rotation des Messers sehr leicht zu einem Schnitt in deine Hand. Zudem dreht das Messer auf diese Weise wieder »richtig herum«, nämlich mit dem stumpfen Klingenrücken voran, genau wie bei deinem Wurf mit einer Drehung.

Das alles kannst du wunderbar gefahrlos mit einem stumpfen Wurfmesser so lange ausprobieren, bis du es automatisch richtig machst, ohne noch darüber nachdenken zu müssen. Beim Abwurf ist es jedoch essenziell wichtig, dass sich die Finger aus der Bewegung heraus öffnen, um im Falle des Falles der scharfen Schneide zu entgehen.

Auch beim »Wildwest«-Klingenwurf kann man die Abwurfbewegung am besten beschreiben als ein »Herausgleiten-Lassen« der Klinge aus der Hand, was prinzipiell nach den gleichen Gesetzmäßigkeiten funktioniert wie der herkömmliche Wurf vom Griff aus. Probiere es mal aus der Zwei-Meter-Distanz, und du wirst sicher sofort einen Erfolg für dich verbuchen können. Denn was aus drei Metern bereits gut klappt, ist für dich aus zwei Metern Distanz nun bestimmt gar kein Problem mehr.

Alles in diesem Abschnitt bisher Beschriebene ist nur eine Vorbereitungsübung für das, was jetzt kommt: Der Western-Wurf aus vier Metern Distanz! Dafür gehst du nochmal einen Meter hinter deine Drei-Meter-Markierung zurück und wirfst jetzt das Messer exakt wie bei der Vorbereitungsübung – allerdings mit einer vollen zusätzlichen Rotation. Das Messer macht nun eine und eine dreiviertel Drehung, doch wir Werfer runden immer ab und bezeichnen den Wurf als »1½ Spin«.

Auch diese neue Wurfvariante wird dir nach einigen Versuchen viel Freude bereiten. Zudem ist es auch von einer gewissen Bedeutung, diese Variationen zu trainieren, denn falls du einmal an einem offiziellen Wettbewerb teilnehmen willst, so ist der so genannte »Walk-Back« ein Finalwettbewerb von zentraler Bedeutung. »Walk-Back« bedeutet übersetzt so viel wie »zurückgehen«, und das heißt einfach nur, dass der Werfer im Zuge des Contests nicht einfach nur in seiner Entfernung stehen bleibt, sondern nach drei erfolgten Würfen in die nächstweitere Distanz zurückgehen muss.

Dabei folgen nach beispielsweise drei Würfen aus der Drei-Meter-Distanz direkt danach drei Würfe aus vier Metern Entfernung zum Wurfziel. Dann geht es weiter zurück auf fünf Meter, sechs Meter und sieben Meter. Der Walk-Back ist eine extrem anspruchsvolle Aufgabe für den Werfer und verlangt ein hohes Maß an Erfahrung, Training, Können und Flexibilität. Dazu später noch mehr im Kapitel zu den Wettbewerben und Regeln.

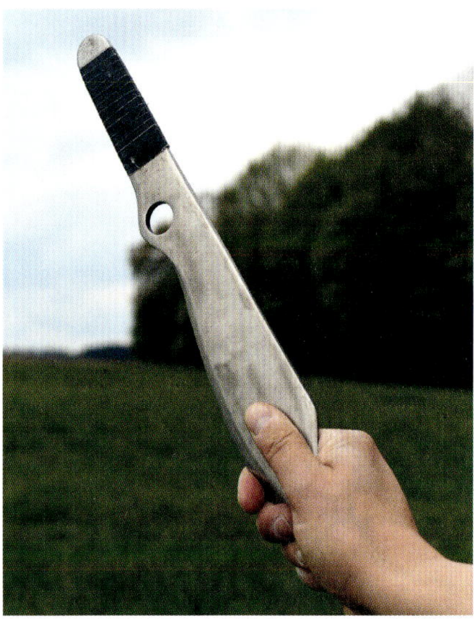

Beim »Wildwest«-Klingenwurf sind Verletzungen an der Wurfhand wegen der scharfen Schneide eigentlich vorprogrammiert – egal, wie herum der Werfer das Messer hält. Daher besser mit stumpfen, ungeschliffenen Klingen trainieren.

Der »No-Spin-Grip«

Diese Wurf- und Greifvariante ist mit einer hochinteressanten Wurftechnik verbunden. Vornehmlich in der russischen und asiatischen Werferschule hat man sich schon vor Jahrzehnten Gedanken darüber gemacht, inwieweit es möglich wäre, ein Messer so zu werfen, dass es während des Flugs nicht rotiert und man sich auf diesem Weg von den Distanzabmessungen völlig unabhängig macht.

Das »Instinktive Werfen« wurde ins Leben gerufen, die No-Spin-Technik (= keine Drehung). Nur: Wie sollte das überhaupt funktionieren? Wie wir ja wissen, führen die Hebelverhältnisse des menschlichen Körpers nach dem Abwurf unweigerlich zur Drehung des Messers, mal langsamer und mal schneller. Wie also kann man diese Rotation am Ende vermeiden?

Knappe Antwort: Man kann sie nicht wirklich komplett vermeiden, denn das Messer dreht schlussendlich dennoch, nur dreht es eben extrem verlangsamt. Wie du bereits von der Hammergriff-Technik weißt, braucht der Werfer zur Verlangsamung der Messerrotation beim Abwurf eine Art Gegenlager. Beim Hammergriff ist dieses Gegenlager der aufgelegte Daumen auf der Griffrückseite des Messers, der eben dazu führt, dass dein Wurfmesser in der Luft langsamer und träger rotiert.

Dieses Gegenlager-Prinzip wird beim No-Spin-Werfen quasi auf die Spitze getrieben, denn beinahe in ähnlicher Form wird jetzt der Zeigefinger aufgelegt – jetzt aber auf der Oberseite des Messergriffs. Das Ausholen geschieht mit dem Handballen voran und mit einem zunächst überaus flexiblen Handgelenk, das jedoch beim Abwurf vollkommen blockiert wird. Sobald die Rotation des Messers einsetzen will, tritt die »Zeigefinger-Action« auf dem Messergriff in Kraft und sorgt durch einen »Back-Spin« für ein wirksames Gegenspiel, indem beim Loslassen ein Gegendruck auf den Messergriff ausgeübt wird.

Wenn du einmal versucht hast, einen flachen Stein so zu werfen, dass er mehrfach auf der Wasseroberfläche eines Sees aufspringt, so hast du dazu aus dem schnappenden Handgelenk über deinen Zeigefinger automatisch einen vergleichbaren Back-Spin an den Stein weitergegeben. Die eingeleitete Messerdrehung lässt sich dadurch derart außer Kraft setzen, dass manche geübte No-Spinner dazu in der Lage sind, ihre Messer auch aus Distanzen von über zehn Metern (!) nahezu rotationsfrei geradeaus fliegen zu lassen. Es kämpft bei dieser Wurftechnik also stets die Rotation des Messers mit dem Back-Spin, den der Zeigefinger verursacht.

Das sieht bei Könnern der Zunft beeindruckend aus, aber ich möchte nicht verschweigen, dass diese Technik erstens extrem schwierig zu erlernen ist und zudem zweitens ein ungemein hohes Maß an Übung verlangt. Auch erfahrene Wettkampf-Sportwerfer (ich selbst nehme mich hier nicht aus!) können beim Einüben dieser Wurftechnik dann und wann beinahe verzweifeln.

Bei den internationalen Contests ist bisher in den allgemeinen Präzisionswettbewerben erst ein einziger Sportwerfer ausschließlich mit ebendieser Technik angetreten. Das mag auch daran liegen, dass

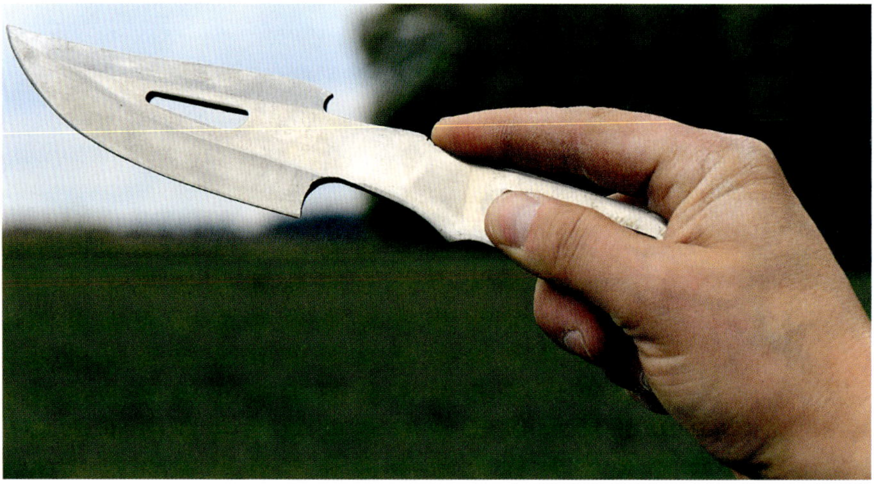

Der »No-Spin-Grip« versetzt das Messer in keinerlei Rotation und macht den Wurf damit unabhängig von jeglicher Distanzabmessung. Die Technik ist jedoch kompliziert und schwer zu erlernen.

diese Wurfvariante ein wenig zielunsicherer ist als die herkömmliche Rotationswurftechnik. Das ist nachvollziehbar, denn der Zeigefinger, der als Gegenlager dient, kann zum einen beim Abwurf unbeabsichtigt das Messer in eine ungewünschte Richtung lenken, zum zweiten fehlt die so wichtige und flugstabilisierende kinetische Energie der Rotationsbewegung.

In diesem Zusammenhang sei noch angemerkt, dass No-Spin nicht mit jedem Messer gleich gut funktioniert. So bringen meine Wettkampfmesser zum Beispiel 610 Gramm pro Stück auf die Waage, und das bei einer Gesamtlänge von 38 Zentimetern. Die kann kaum ein Zeigefinger mehr bremsen, wenn sie einmal auf dem Weg zur Scheibe sind. Zum No-Spin-Werfen eignen sich vornehmlich kleinere Messer zwischen 25 und 28 Zentimetern Länge.

Mittlerweile ist in der Szene – abseits vom eigentlichen Wettkampfgeschehen – ein gewisser No-Spin-Hype ausgebrochen, den ich persönlich jedoch nicht teile. Ich mag es schon allein aus ästhetischen Gründen, wenn meine Messer in der Luft wie ein Bumerang rotieren und dann am Ende wie durch Zauberhand mit der Spitze voran im Holz stecken bleiben.

Weiterhin sieht die No-Spin-Flugbahn der Wurfwaffen bei vielen Werfern dieser Disziplin oft recht chaotisch aus, da die Messer dabei häufig flattern und/oder um die eigene Achse rotieren, jedoch nur selten pfeilgerade vorwärts fliegen. Das wiederum liegt an der fehlenden kinetischen Rotationsenergie, die bei konservativen Würfen mit Drehung die Flugbahn des Messers stabilisiert, sowie auch daran, dass ein Messer nun mal keine aerodynamischen Flugeigenschaften mitbringt – im Gegensatz zu einem Dartpfeil, Armbrustpfeil oder Speer.

Zu guter Letzt gefallen mir persönlich auch Designs, Formen und Aussehen der meisten No-Spin-Messer nicht sonderlich gut. Sie erinnern mich eher an Zahnarztbesteck, Zeltheringe oder Skalpelle. Aber das ist selbstverständlich auch eine Frage des individuellen Geschmacks.

Dennoch ist die No-Spin-Technik auf jeden Fall eine sehr interessante Facette des Messerwerfens, und so hat eben »jedes Tierchen sein Pläsierchen«. Selbstverständlich gibt es auch hier kein »richtig« oder »falsch«, vielmehr »die eine oder andere Art und Weise«. Ich wünsche auf alle Fälle viel Spaß beim Ausprobieren und vor allen Dingen eine Menge Geduld, denn die wirst du brauchen!

Der Russe Yuri Fedin (im Frühjahr 2015 leider viel zu früh verstorben) hat No-Spin zu einer gewissen Perfektion gebracht, was man neidlos anerkennen muss. Seine Lehrvideos zum »Fedin-Style« sind im Internet noch immer zu bewundern und machen Yuri zumindest auf diese Weise unsterblich. Weiterhin gibt es auch innerhalb der deutschen und internationalen Werfergemeinde einige hervorragende No-Spinner, deren Tutorials im Internet zudem sehr gut und anschaulich gemacht sind.

In diesem Zusammenhang noch ein paar wohlmeinend-mahnende Worte, die ich mir nicht verbeißen kann. Von manchen Anhängern der No-Spin-Technik wird gerne ein besonderer und zusätzlicher Aspekt als »positives« Argument für ihre Wurfart ins Feld geführt: Messerwerfen werde auf diese Weise zu einem zuverlässigen Instrument der Selbstverteidigung, da die Entfernung zum Gegner technisch ja keine Rolle mehr spiele... dazu mehr im nächsten Kapitel.

11

Messerwerfen und Selbstverteidigung

Eigentlich könnte ich mich sehr kurz fassen, denn mein unmissverständlicher und eindeutiger Kommentar dazu lautet: Vergiss es!

Doch ich begründe meine Sicht der Dinge auch gerne: Zweifelsfrei ist ein Messer – egal ob Wurf-, Küchen-, Gebrauchs- oder Jagdmesser – eine ernstzunehmende Waffe, die bei missbräuchlichem Umgang definitiv immensen Schaden anrichten könnte. Und selbstverständlich ist der Notwehrbegriff in den deutschen Gesetzestexten so definiert, dass es mir erlaubt ist, »einen unmittelbaren, gegenwärtigen und rechtswidrigen Angriff« auf meine körperliche Unversehrtheit mit angemessenen Mitteln abzuwehren und mich selbst zu verteidigen.

Das bedeutet rein theoretisch, dass ich durchaus das Recht auf meiner Seite hätte, würde ich zum Beispiel einen Angreifer, der mit einer Schusswaffe auf mich schießt, mit einem gezielten Messerwurf außer Gefecht setzen. In der Praxis jedoch wäre eine derartige Aktion mehr als töricht, ob nun mit No-Spin oder vielleicht einer halben oder ganzen Messerrotation.

Habe ich in einer Notwehrsituation ein Messer zu meiner Selbstverteidigung in der Hand, dann bin ich stets gut beraten, es nicht einfach in Richtung meines Gegners (fort) zu werfen. Der Messerwurf würde somit viel wahrscheinlicher zu einer unfreiwilligen Selbstentwaffnung als zu einer effektiven Selbstverteidigung führen.

In der gesamten Geschichte zahlreicher militärischer Nahkampfsituationen ist bis heute kein Nachweis erbracht, dass ein Messerwurf zu einer erfolgreichen Selbstverteidigung geführt hätte. Verabschiede dich daher bitte gründlich von heldenhaft-romantischen Hollywood-Tagträumen und betrachte nur die nackte Realität: Messerwerfen ist eine anspruchsvolle Kunst und ein toller Sport, aber definitiv keine brauchbare Selbstverteidigungstechnik.

Dazu noch eine kleine Erinnerung von mir: Entgegen der allgemeinen öffentlichen Wahrnehmung, genährt und befeuert durch zahlreiche und tendenziöse Berichte in den Medien, leben wir in Deutschland in einem der sichersten Länder der Erde – sozusagen auf einer »Insel der Glückseligen«. Das erstmal zur Beruhigung. Doch auf der anderen Seite kann es nie schaden, für den Ernstfall gerüstet zu sein (»Si vis pacem para bellum«: Wenn du Frieden willst, sei auf den Krieg vorbereitet; ein altes römisches Sprichwort).

Und sofern du nun in Sachen Selbstverteidigung, Nahkampf oder Kampfsport vollkommen unbelastet sein solltest, beachte bitte Folgendes: Deine wichtigste Waffe ist erstens und vor allen Dingen immer dein wacher Verstand – und hier besonders deine Aufmerksamkeit. Als Kampfsportler lernt man über die Jahre hinweg sehr gründlich, seine Umgebung – ohne Absicht, aber immer instinktiv – mit wachen, offenen Augen zu beobachten und im Blick zu haben. Es passiert mir daher zum Beispiel so gut wie nie, dass ich mit meinem Einkaufswagen irgendwo im Weg stehe, weil ich eine gute Zeit vorher schon merke, dass jemand an mir vorbei möchte – fast egal, aus welcher Richtung er sich nähert.

Klare Angelegenheit: Ein vermiedener Kampf ist auch immer ein gewonnener Kampf, was bedeutet, dass es oft wesentlich einfacher ist, einer potenziellen Gefahr aus dem Wege zu gehen, bevor es überhaupt zur Konfrontation kommt. Und wenn das nur bedeutet, dass ich einfach die Straßenseite wechsle, bevor die drei übergewichtigen Jungs mit den Bomberjacken und Springerstiefeln auf meiner Höhe sind. Dazu ist es hilfreich, während eines Fußwegs das »Smartphone-Daddeln« zu unterlassen und umso aufmerksamer sein direktes Umfeld im Blick zu halten, denn das vermindert außerdem auch die Unfallgefahr.

Eine unnötige und vermeidbare körperliche Auseinandersetzung zu umgehen, ist weiterhin kein Zeichen von Feigheit, sondern von Vernunft,

Weitsicht und einem kühlen Kopf. Es ist ein altes asiatisches Grundprinzip der Kampfkünste, körperliche Gewalt nach Möglichkeit nur als das letzte aller Mittel einzusetzen. Sofern es aber doch notwendig ist, musst du mit aller Konsequenz und Härte dafür sorgen, dass der Gegner jeden Grund hat, sich vor dir in Acht zu nehmen.

Daher empfehle ich dir immer mit gutem Gewissen, einen Kampfsport deiner Wahl von der Pike auf zu lernen. Es gibt dafür keine Altersgrenze. Dabei wird dich jetzt vielleicht die Information überraschen, dass es keine »überlegene« oder »die beste« Kampfsportart gibt. Gerät beispielsweise ein unbedarfter Angreifer an einen jahrelang trainierten Judomeister, so wird er sich vielleicht noch fragen, welcher Orkan ihn da aus den Schuhen gehoben und ins Gras befördert hat, bevor er dann binnen der nächsten Sekunde ins Reich der Träume segelt.

Begegne deswegen Slogans wie »Unbesiegbar in 24 Stunden« stets mit Skepsis, denn sie sind unseriös und unsinnig. Genau wie das Einüben des Messerwerfens, so braucht auch jede Art von Kampfkunst eine Menge an Zeit, Training und Geduld, bis du sie automatisiert anwenden kannst (im Schnitt rund zwei bis drei Jahre bei einem zweimaligen Training pro Woche). Diese Betrachtungsweise gilt gleichermaßen für Karate, Judo, Kung-Fu, Jiu-Jitsu und auch das militärische Nahkampfsystem Krav Maga. Selbstverteidigungskurse hingegen können immer nur der Einstieg sein, denn nach zehn Doppelstunden hast du gerade einmal »den großen Zeh ins Wasser gehalten«, doch vom »Schwimmen« bist du noch weit entfernt.

Zuletzt sei dazu angemerkt, dass ein trainierter Kampfsportler mit seinen technischen Fertigkeiten zwar immer seine Ausgangschancen – und eben seine Aufmerksamkeit – stark verbessert, aber niemals von Unbesiegbarkeit gesprochen werden kann. Suche dir also am besten einen eingetragenen Verein mit gut ausgebildeten Übungsleitern und mache ein Schnuppertraining mit. Hat dir dieses ein gutes Gefühl vermittelt, dann bleibe dabei – und bleibe dran.

Fazit: Messerwerfen bitte aus dem Repertoire der Selbstverteidigung mit einem dicken, schwarzen Edding streichen!

12

Die Axt als Sportgerät

Die richtige Auswahl

Wer sich bereits eine Weile mit dem Messerwerfen beschäftigt hat, der wird umso problemloser das Werfen mit einer Axt lernen. Wie das Messerwerfen, ist auch das Axtwerfen unter finanziellen Gesichtspunkten ein günstiger Sport ist. Die Anschaffung von drei guten Wurfäxten liegt im Bereich von rund 150 Euro als Richtwert.

Wie sollte eine vernünftige, wurffähige Axt nun beschaffen sein? Vor dem Hintergrund der sportlichen Ausübung hat eine Wurfaxt die einzige Aufgabe, nach dem Wurf in die Wurfscheibe zu »beißen« und dort stecken zu bleiben. Wie bei einem Wurfmesser gilt: Eine gute Wurfaxt braucht Masse und damit eben auch eine gewisse Materialstärke und Länge.

Um die Sache auf den Punkt zu bringen, sollte eine gute Wurfaxt erstens eine Gesamtschaftlänge von 40 Zentimetern nach Möglichkeit nicht oder nur geringfügig unterschreiten, zweitens muss sie mindestens 500 Gramm auf die Waage bringen, um überhaupt für unsere Wettbewerbe zugelassen zu sein. Die Auswahl der im Handel erhältlichen Wurfäxte ist nicht ganz so umfangreich wie bei Wurfmessern, doch auch hier ist ein waches Auge bei der Wahl des richtigen Geräts angebracht.

Wie bei den Messern empfehle ich, gleich drei oder vier gleiche Exemplare der gleichen Axt anzuschaffen, denn das versetzt dich während des Trainings in die Lage, Serien werfen zu können. So kannst du dich sofort kontrollieren und korrigieren, ohne einen unfreiwilligen Unterbrechungsspaziergang zum Wurfziel und wieder zurück, auch wenn es anfangs nur vier Meter sind. Allerdings gibt es insbesondere bei

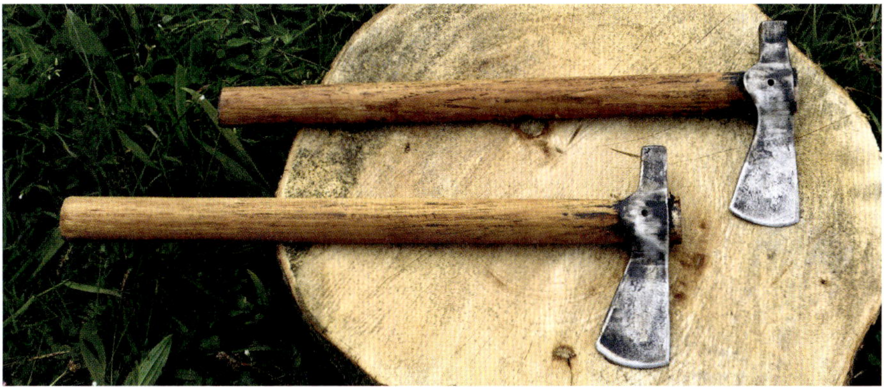

Gute Wurfäxte besitzen einen relativ kurzen Kopf mit einer sechs bis acht Zentimeter langen Schneide und einem geraden Schaft aus Hartholz.

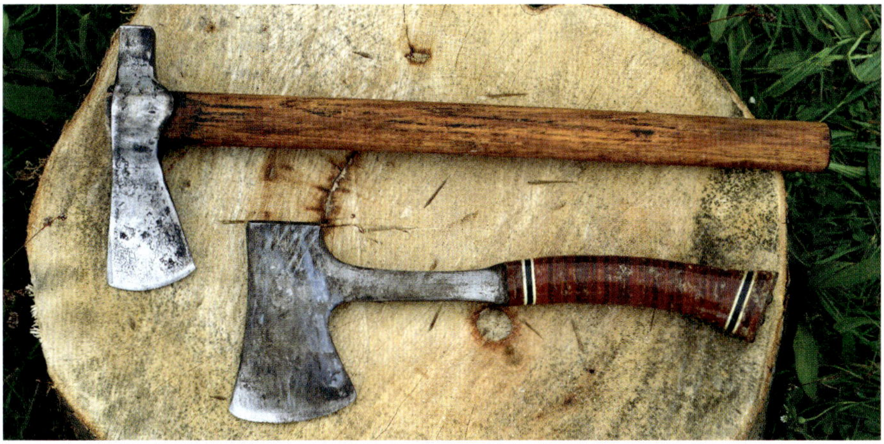

Gegenüberstellung: Echte Wurfaxt (oben) mit 5,5 Zentimeter langer Schneide und 50 Zentimeter langem Schaft und ein zum treffgenauen Werfen ungeeignetes Beil (unten).

Wurfserien mit Äxten ein paar wichtige Kleinigkeiten zu beachten, auf die ich später noch etwas genauer eingehen werde. Handwerklich begabte Sportler bearbeiten ihre Wurfäxte zudem individuell – oder schmieden sie im Einzelfall sogar selbst.

13

Das Werfen mit der Wurfaxt

Prinzipielles

Die Wurfwaffen müssen so beschaffen sein, dass sie genauso mit einer Hand geworfen werden können wie ein Messer. Für Wettbewerbe muss die Axt mindestens 500 Gramm schwer sein, wie erwähnt. Das ist keine große Sache, denn selbst manche Wurfmesser wiegen bereits mehr. Weiterhin darf die Schneide nicht länger sein als zwölf Zentimeter, was auch recht großzügig bemessen ist. Dieses Limit gibt es, um schlichtweg zu vermeiden, dass der Werfer bei hypothetischer Verwendung einer überdimensionierten Klinge irgendwie – immer auch mit etwas Glück – das Bullseye in der Mitte der Scheibe anritzt. Diese Art des »unlauteren Wettbewerbs« wird im Regelwerk damit ausgeschlossen.

Wurfäxte sind – historisch betrachtet – reine Kriegswaffen, die zu früheren Zeiten als Wurfwaffen und im unmittelbaren Nahkampf von jedem Gegner gefürchtet wurden, und das vollkommen zu Recht. Die frühmittelalterlichen Franken hatten beispielsweise ein eigenes Design ihrer Wurfäxte geschaffen, die nach ihnen »Franziska« genannt wurden und mit der sie ihre Gegner das Fürchten lehrten.

Die »Franziska« wurde als reine Wurf- und Nahkampfwaffe konzipiert. Man findet sie auch heute noch bei vereinzelten Sportlern in den Wettbewerben. Zu früheren Zeiten konnte sie die hölzernen Schilde der Gegner auf dem Schlachtfeld zertrümmern – andere Gegenstände oder Körperteile natürlich auch! Die Axt wurde zu diesem Zweck von den Kriegern mit voller Kraft senkrecht in Richtung des Gegners geschleudert, zum Teil aber auch horizontal knapp über dem Boden geworfen. Auf diese Weise flog sie unberechenbar rotierend, gelegentlich auch springend auf den Feind zu, in dessen Beine einschlagend.

Die Indianer Nordamerikas hingegen hatten an ihrem Kriegsbeil, dem Tomahawk, generell eine relativ schmale Schneide ohne ausgearbeitete Spitzen am Kopf. Der Kopf war an einer Rückseite oft individuell gestaltet und mal mehr, mal weniger groß und wuchtig. Die indianische Wurfaxt ist auch mein bevorzugtes Gerät beim Axtwerfen. Das legendäre Kriegsbeil ist formschön, nicht allzu schwer (600 Gramm), dazu schlicht, schnörkellos und funktional. Ich weiß aus meiner Wettkampferfahrung, dass gerade unsere fliegenden Wurfäxte und Tomahawks besonders bei den Zuschauern sehr beliebt sind, weil der Laie darin oft noch eine Steigerung der Kunst im Vergleich zum Messerwerfen vermutet.

Das ist jedoch nicht der Fall (doch sagt es bitte nicht weiter!). Axtwerfen ist in der Tat leichter als das Werfen von Messern, sobald man sich an eine ganz spezielle Kleinigkeit erst einmal gewöhnt hat: den Schwerpunkt einer Wurfaxt.

Der Schwerpunkt

Im Vergleich zum Wurfmesser, wo sich der Gravitationspunkt weitgehend in der Mitte des Messerkörpers befindet, treffen wir ihn bei unseren Äxten immer weit außerhalb der Stielmitte an – ein kleines Stück vor dem Axtkopf. Das ist auch logisch, denn der stählerne Axtkopf wiegt natürlich mehr als der Holzstiel. Für unseren Sport ist dieser Aspekt auch nicht wirklich wichtig, schließlich wirft man eine Axt immer vom Stielende ab, also dem Griff, und selbstverständlich niemals von der Klinge.

Wenn man sich jedoch eine Weile mit dem Messerwerfen beschäftigt hat und dann zum ersten Mal versucht, eine Wurfaxt ins Ziel zu werfen, kann es passieren, dass einem der neue, ungewohnte Schwerpunkt der

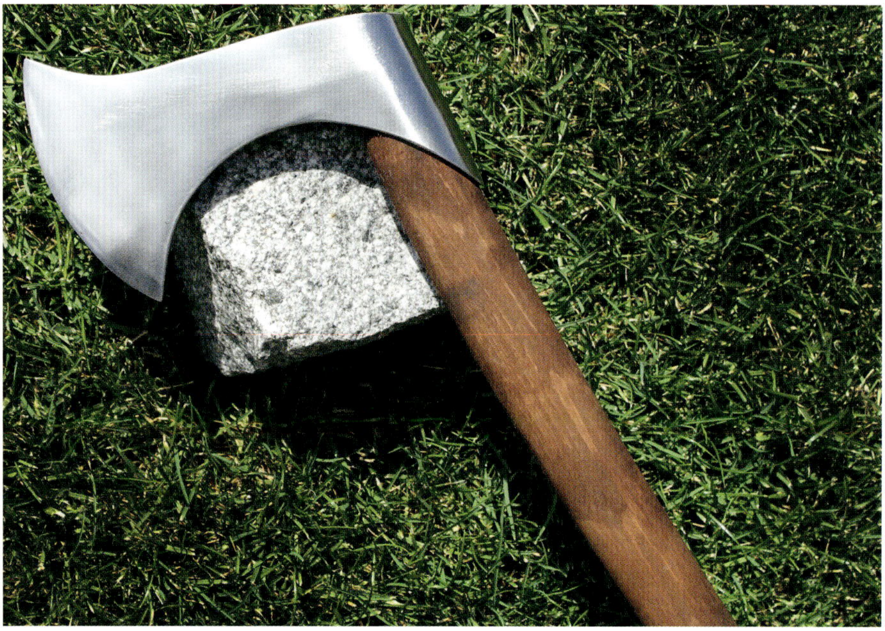

Rekonstruktion einer »Franziska«.

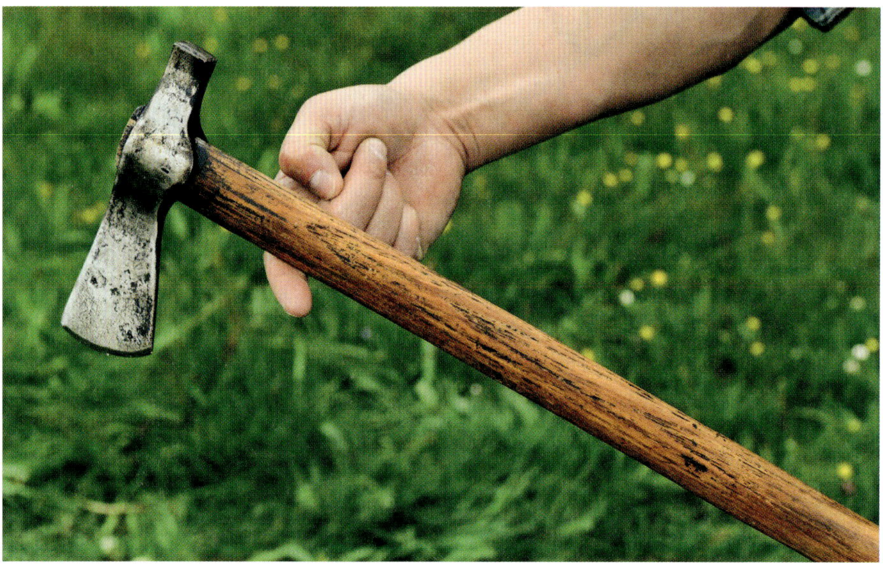

Schwerpunktermittlung bei einer Wurfaxt.

Axt anfangs einen kleinen Streich spielt. Er lässt nämlich die Axt eine Spur zu hoch aus der Hand herausfliegen, weil der schwere Kopf durch die Kreisbewegung beim Ausholen im Moment des Abwurfs nach oben »zieht«. Ich kann aus den ersten Erfahrungen mit meinen Wurftomahawks zurückblickend sagen, dass auch mir oft zu Beginn des Trainings die Äxte im großzügigen Bogen über die Scheiben geflogen sind.

Was das Werfen mit Äxten auf der anderen Seite jedoch ungemein erleichtert, ist die Trägheit der Wurfwaffen in der Luft. Wenn du dich einmal daran gewöhnt hast, die Hawks die Nuance einer Zehntelsekunde später loszulassen, werden dir die Äxte sehr viel Freude machen: Sie lassen sich viel stetiger werfen!

Diese Trägheit resultiert ganz einfach aus den größeren Abmessungen und dem Gewicht einer Wurfaxt. Der Wurf ist dadurch viel leichter zu kontrollieren. Selbst größere Distanzen lassen sich nach kürzerer Zeit relativ sicher werfen. Diese Fortschritte geschehen in der Tat schneller als bei Wurfmessern.

14

Die Basisübung

Für das Erlernen des Axtwurfs sieht die Basisübung genauso aus wie der Grund- oder Basiswurf beim Messerwerfen. Lege dir also eine hölzerne Wurfscheibe am Boden zurecht, fasse den Axtstiel an seinem Ende so an, wie du dich am wohlsten fühlst. Also entweder Daumen oben auf der Rückseite oder an der Seite des Stiels – und los geht's.

Fixiere zunächst einen Punkt auf der Scheibe, führe dann einfach eine Bewegung aus wie beim Holzhacken, und lasse am Ende beim Auslaufen der Kreisbewegung deines Arms einfach die Axt los. Das gute Stück hat keine Wahl: Es folgt den Gesetzen der Physik und bewegt sich entsprechend der tangentialen Zentrifugalbeschleunigung auf das Ziel zu. Dabei macht die Axt den Ansatz einer kurzen Drehbewegung und steckt im Zielholz fest.

Du wirst dabei weiterhin feststellen, dass diese Grundübung wirklich sehr einfach ist, eben beinahe so einfach wie Holzhacken! Schon nach wenigen Wiederholungen wirst du den Bewegungsablauf verinnerlicht haben, und wir können weitermachen. Wir halten uns daher nicht erst mit Zwischenspielen auf, sondern gehen direkt an den Basiswurf aus der kurzen Distanz heran. Dieser Grundwurf ist vergleichbar mit dem Messerwurf aus der kurzen Distanz von drei Metern.

Doch aufgepasst: Unsere Wurfäxte drehen ein wenig langsamer in der Luft. Daher stehen wir jetzt in der Kurzdistanz schon bei vier Metern, da unsere Wurfwaffen ansonsten keine Chance hätten, sich auch nur einmal zu drehen. Doch mach dir bitte keine unnötigen Sorgen, sondern probiere einfach munter drauflos.

Elementar wichtig: Bitte niemals mehrere Äxte auf eine einzige Scheibe werfen! Es ist beinahe ein Naturgesetz, dass man bei einem Wurf den Holzstiel einer bereits steckenden Wurfaxt trifft und kunstvoll in zwei Teile spaltet. Äußerst unvorteilhaft, wenn so etwas nun ausgerechnet am Wettkampfort im Training passiert und man weder einen Ersatzstiel noch eine Ersatzaxt hat. Daher die Äxte immer entweder stets einzeln werfen – oder alternativ auf mehrere, unterschiedliche Ziele verteilt.

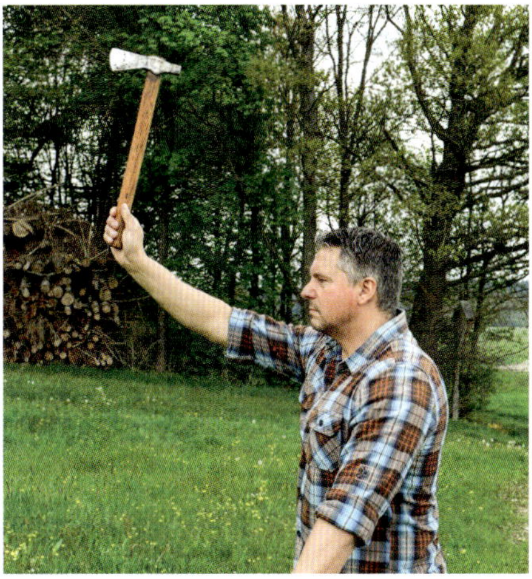

Die Griffhaltung beim »Normal«-Wurf.

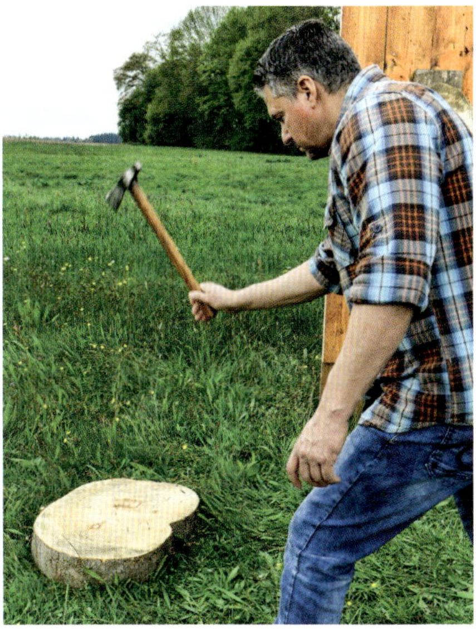

Beim Basiswurf auf ein liegendes Ziel verändern wir niemals die Distanz, denn dazu müssten wir die Rotation verlangsamen. Die Entfernung bleibt also immer gleich.

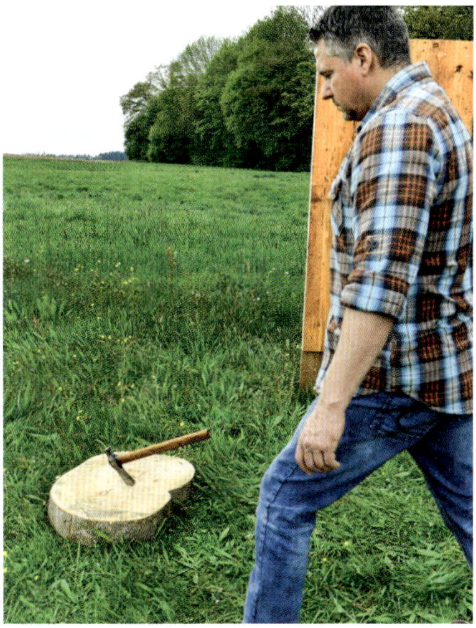

Der Basiswurf dient dazu, sich zunächst einmal mit der Axt vertraut zu machen.

Rotation: Ausholen und Werfen erfolgt in einer fießenden, rotierenden Bewegung.

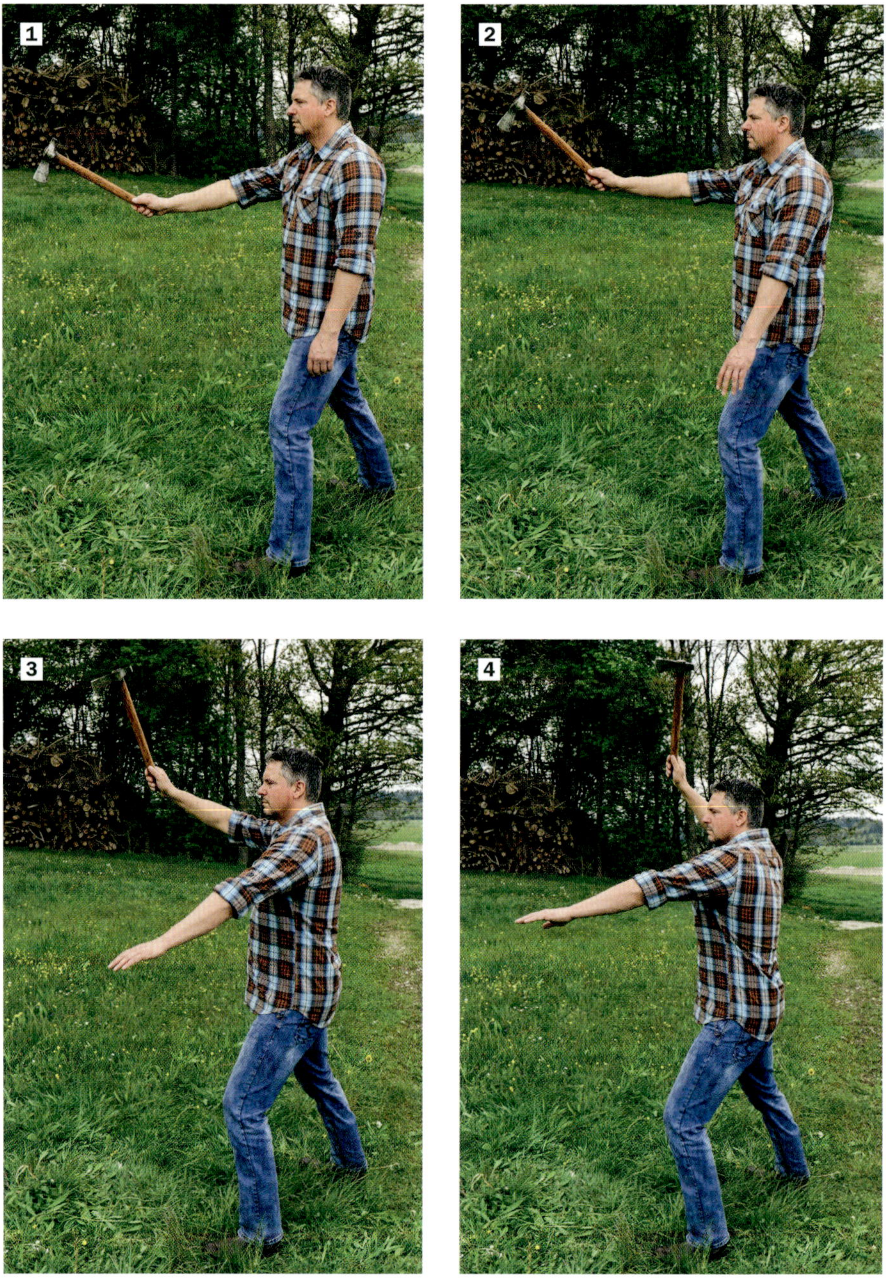

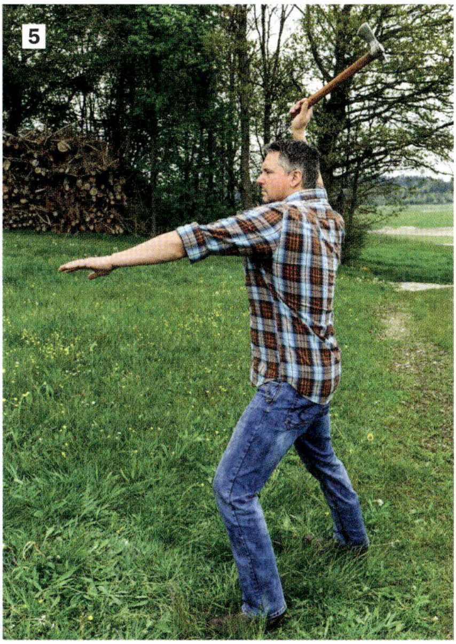
5

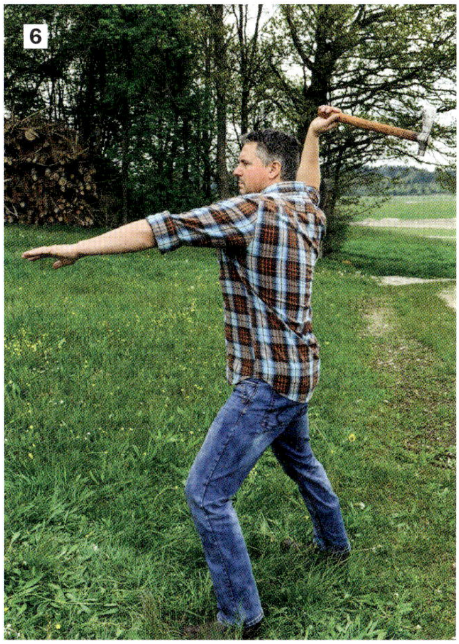
6

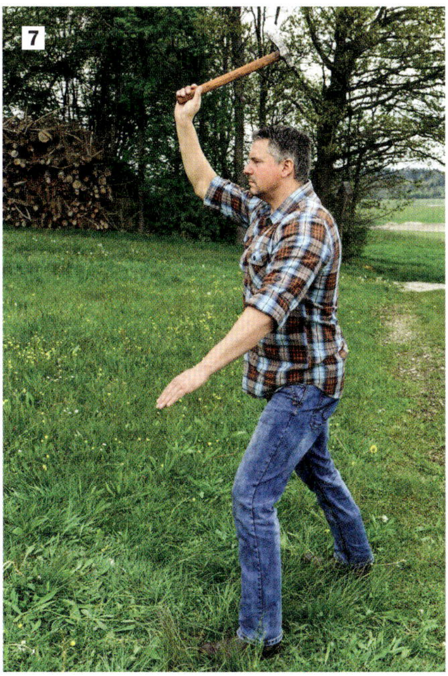
7

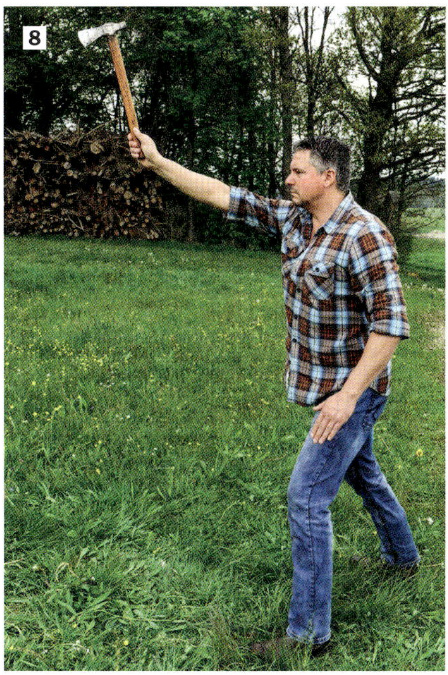
8

15

Etwas Materialkunde

Ich möchte an dieser Stelle anmerken, dass Äxte mit herkömmlichen Holzstielen immer den sogenannten »Full-Tang«-Exemplaren vorzuziehen sind. Bei letzteren Exemplaren handelt es sich um Äxte, die aus einem einzigen flachen Stück Stahl gefertigt sind. Die im Handel erhältlichen Modelle dieser Bauart würde ich persönlich niemals wählen, weil sie mit großer Wahrscheinlichkeit auf mein Wurfverhalten und meine Bedürfnisse als Werfer nicht zugeschnitten sind. Man kann sie auch nicht anpassen, weil Stahl naturgemäß schwer zu bearbeiten ist.

Selbstverständlich sind auch Tomahawks mit hölzernem Stiel Massenware, doch man hat bei diesen Modellen den Vorteil, dass man die Länge im Nachhinein noch modifizieren und an den individuellen Bedarf anpassen kann. Jeder Werfer ist ein Individualist und unterscheidet sich in der Wurftechnik teilweise stark von anderen Werfern. Die auf dem deutschen Markt erhältlichen Tomahawks werden meist ab Werk mit derart langen Stielen geliefert, dass man sie fast immer kürzen muss.

Am besten sägst du dir die Länge der Wurfaxtstiele nach einer Weile des Ausprobierens so zurecht, dass du mit deiner individuellen Wurftechnik aus der kurzen Vier-Meter-Distanz exakt einen Treffer mit einer Rotation setzen kannst. Das bedeutet: Sofern du mit der ursprünglichen Länge des Schafts etwa 4,5 Meter für eine Rotation brauchst, so schneide zunächst fünf Zentimeter von der Länge ab und versuche es dann einfach noch einmal.

Beim weiteren Kürzen ist jedoch Vorsicht geboten: Einmal abgesägt ist abgesägt. Man kann zwar die Endstücke wieder anleimen, aber das ist am Ende nur Flickwerk. Und für einen neuen Hickory-Axtstiel legt man auch rund zehn Euro auf den Ladentisch. Das Ganze ist eine Frage des behutsamen Ausprobierens und Herantastens an die richtige Länge, um erfolgreiche zielgenaue Axtwürfe zu absolvieren. Fingerspitzengefühl ist also gefragt.

Du kannst in diesem Zusammenhang gut erkennen, dass das Ende des Axtstiels für unsere Zwecke immer gerade gearbeitet sein sollte. Die oft ergonomisch geformten Arbeitsgriffe vieler Haushalts- oder Campingäxte erschweren das Werfen, ähnlich wie beim Messerwerfen mit Gebrauchsmessern. Du hast zwar meinen Segen, wenn du dir für den Anfang aus dem Keller die Haushaltsaxt ausleihst, doch du solltest vor dem Werfen entweder das Griffende begradigen oder alternativ den kompletten Axtstiel austauschen.

Wenn du dir eine Wurfaxt kaufst, ist es weiterhin empfehlenswert, das aus dem Axtkopf oben herausragende Schaftholz bis auf rund fünf Millimeter abzusägen. Bei einer nur leichten Überrotation deines Wurfs würde dieses überschüssige Holz zuerst auf die Wurfscheibe auftreffen und damit für einen unnötigen, vermeidbaren Fehlwurf sorgen, da der Tomahawk daran abprallt.

Außerdem gebe ich dir den Tipp, auch die Seiten des Blatts, direkt hinter der Spitze, ein wenig anzuschleifen. Dabei reichen zwei Zentimeter Anschliff völlig aus, dies sorgt aber dafür, dass deine Äxte beim »umgekehrten Wurf« ebenfalls leichter stecken bleiben.

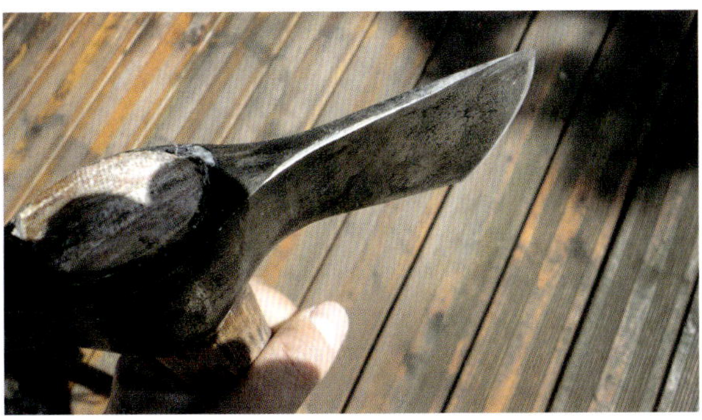

Wurfaxt mit nachträglich angeschliffener Spitze.

16

Der »umgekehrte« Axtwurf

Diese Technik ist eine US-amerikanische Erfindung und Spezialität, die seit 2014 auch in Europa fester Wettkampfbestandteil geworden ist. Den klassischen Axtwurf hast du ja gerade eben kennengelernt und ausprobiert: Du stehst in der kurzen Vier-Meter-Distanz zum Wurfziel, und nach einem erfolgreichen Wurf steckt dein Wurfgeschoss in der Scheibe. Dabei zeigt der Axtstiel nach unten.

Bei der umgekehrten Variante hält der Werfer die Axt beim Abwurf auf eine andere Weise fest – nämlich so, dass die Schneide der Axt in Richtung seines Gesichts zeigt und die Rückseite des Axtkopfes in Richtung des Wurfziels. Damit dieser Wurf funktioniert, muss der Werfer einen Meter zurückgehen und seine Axt nun aus mindestens fünf Metern Entfernung mit der ansonsten gleichen Bewegung werfen. So wird eine halbe Rotation hinzugefügt. Das Resultat ist, dass die Axt nun wieder steckt, aber kopfüber: Der Axtstiel zeigt nach oben.

Aus der Erfahrung heraus kann ich sagen, dass sich diese Wurfvariante nach einer kurzen Zeit der Eingewöhnung sehr angenehm anfühlt. Sobald du in der Vier-Meter-Distanz eine gewisse Sicherheit gewonnen hast, wird dir der umgekehrte Wurf mit großer Wahrscheinlichkeit sehr leicht fallen, denn er sieht viel schwieriger aus als er tatsächlich ist. Besonders die Zuschauer finden diesen Wurf stets sehr verblüffend.

In den offiziellen Weltmeisterschafts-Endkämpfen werden Würfe aus fünf und acht Metern Distanz gefordert, wobei die fünf Meter zwingend »stieloben« geworfen werden müssen. Doch auch der Wurf aus acht Metern wird von den meisten Werfern auf diese Weise geworfen, dann logischerweise mit einer vollen Rotation mehr. Das bedeutet in Zahlen eineinhalb und zweieinhalb Rotationen.

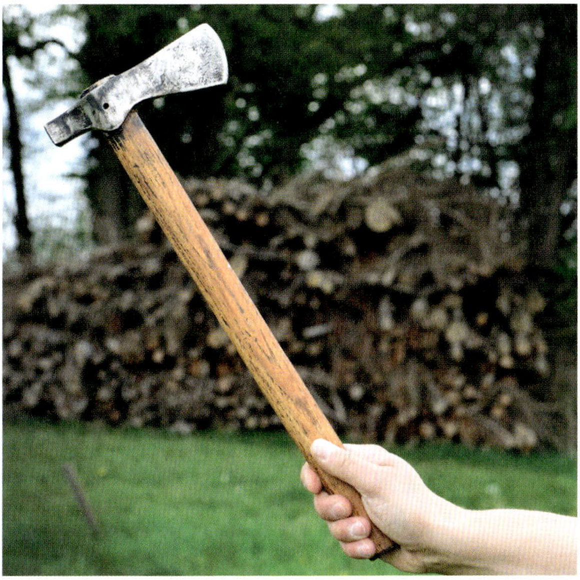

Hält man die Axt zum Wurf umgekehrt in der Hand, ...

... steckt sie in der Zielscheibe entsprechend mit dem Kopf nach unten.

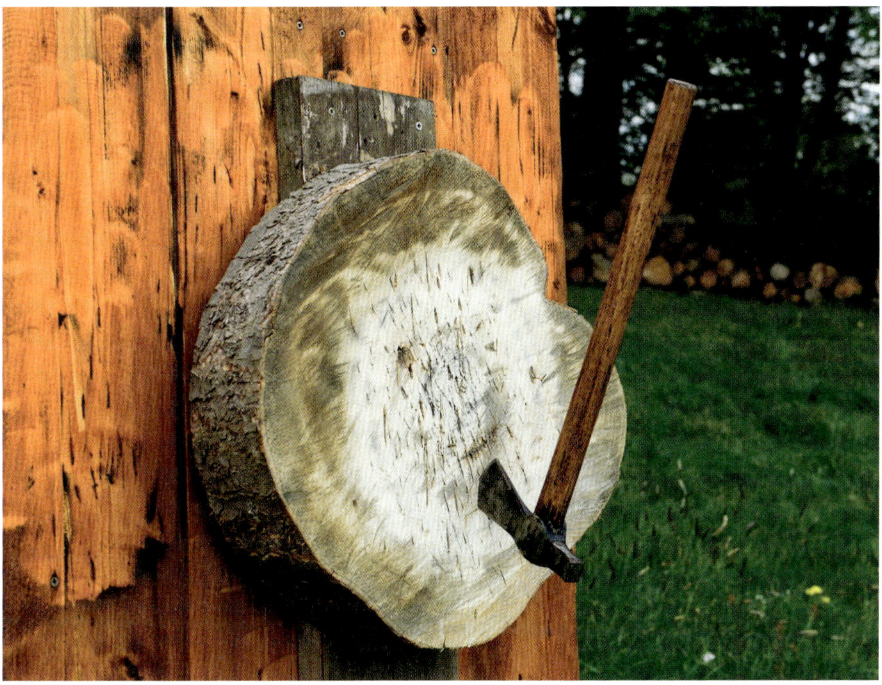

17

Gute Wurfäxte

Hier ist der Markt relativ übersichtlich, da es im deutschen Fachhandel keine so große Auswahl gibt wie bei Wurfmessern. Wie ich bereits angemerkt hatte, lasse bitte die Full-Tang-Wurfäxte links liegen, denn sie sind vergleichsweise teuer, dabei oft nur wenig funktional, außerdem häufig zu klein und zu leicht, um überhaupt als Wettkampf-Axt zugelassen zu werden.

Beschränken wir uns also vernünftigerweise auf die klassischen Äxte mit Holzstiel. Die besten und gleichzeitig günstigsten Wurfäxte »von der Stange« gibt es nach meiner Überzeugung derzeit vom US-Hersteller Cold Steel. Die Modelle sind allesamt recht erschwinglich, stabil und sehr funktional. Außerdem kann man die Axtstiele einzeln nachkaufen, sollte man einen im Training oder Wettbewerb versehentlich »spalten« oder durch Fehlwürfe ruinieren.

Gerade das Modell »Trail Hawk« (600 Gramm) ist eine hervorragende Wurfaxt und mein persönliches Wettkampf- und Weltmeisterschafts-Tomahawk. Das handgeschmiedete Jägerbeil von Gränsfors aus Schweden, das ebenfalls auf dem Foto (siehe rechte Seite) zu sehen ist, ist zwar eigentlich keine Wurfaxt, sondern eher ein Allrounder, mit dem man schneiden, Holz hacken und aufgrund der hohen Schärfe auch Fische ausnehmen oder Wild aufbrechen kann. Das Jägerbeil fliegt in der Tat nicht schlecht, doch ist es ein recht wertvolles Unikat, und ich würde nun beileibe nicht jeden damit werfen lassen.

Man kann übrigens am »Rifleman's Hawk« (Bild rechts oben) besonders gut erkennen, wie weit der Holzstiel teilweise noch oben aus dem stählernen Axtkopf ab Werk heraussteht. Also sofort in den Schraubstock damit und weg mit dem überflüssigen Holz!

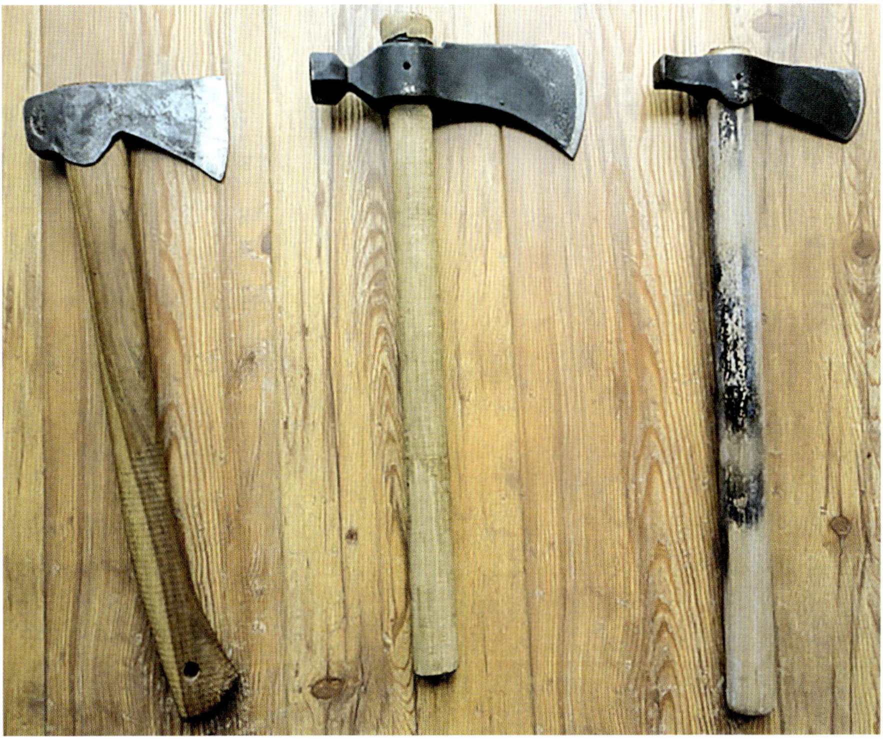

Verschiedene Wurfäxte: Links das Jägerbeil von Gränsfors, in der Mitte der rund 1.000 Gramm schwere »Rifleman's Hawk«, rechts der »Trailhawk«, die bevorzugte Wurfaxt des Autors (Bild oben). Im Bild rechts der handgeschmiedete »Norse Hawk« von Karl Salonius.

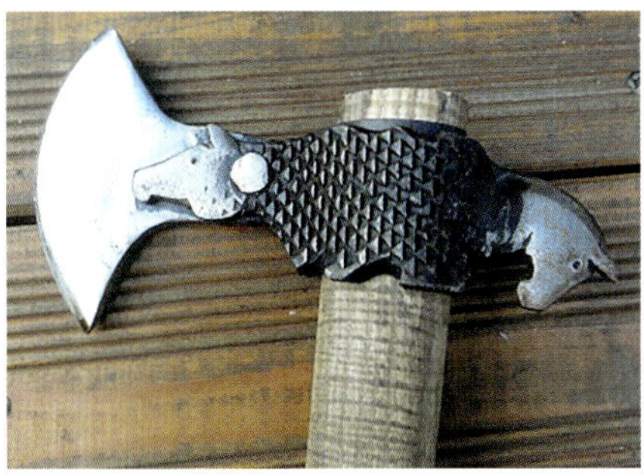

Das Modell »Rifleman's Hawk« ist mit knapp einem Kilo Gewicht kein Winzling und braucht schon einen überdurchschnittlich kräftigen ausgebildeten Wurfarm. Doch kenne ich durchaus einen bis zwei Werferfreunde, die auf diesen Hawk in jeder Distanz geradezu schwören.

Das Modell »Norse Hawk« ist vor allen Dingen dann eine hervorragende Wahl, wenn man als Werfer dazu neigt, mit einer leichten Überrotation zu werfen, so dass das Beil im Winkel von rund 45 Grad auf der Scheibe auftrifft. Auf diese Weise »beißt« sich die Spitze dieses Hawks wunderbar ins Holz. Doch wenn man so wirft wie ich selbst (so, dass der Tomahawk eher frontal auf das Holz trifft), kann aus dem Design des Axtblatts schnell ein Nachteil werden. Denn auf diese Art geworfen, prallt das breit gestaltete Axtblatt gerne ab, auch wenn der Tomahawk vollkommen korrekt mit der Schneide voran auftrifft. Aus diesem Grund habe ich mich bereits vor Jahren von meinen Norse Hawks getrennt. Mögen sie jetzt einem anderen Werfer bessere Dienste leisten!

Das Modell »Pipe Hawk« ist ein sehr formschöner, klassisch-indianischer Tomahawk. Er hat zwar einen Pfeifenkopf anstelle der Hammerfläche auf der Rückseite des Axtkopfs, doch der ist nur zur Zierde als solcher gestaltet. Rauchen kann man damit nicht. Der Tomahawk eignet sich ebenfalls nur für kräftige Werfer, denn er wiegt 800 Gramm und fällt damit, wie das »Rifleman's Hawk«, aus der Leichtgewichtsklasse heraus.

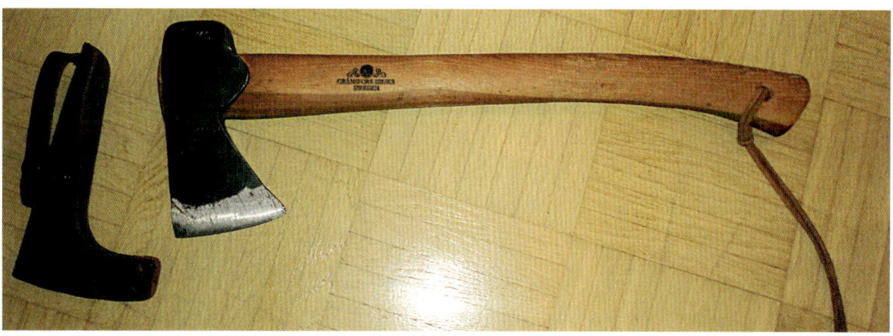

Das Jägerbeil von Gränsfors wird – wie in der Regel alle Gebrauchsäxte – mit einem Schneidenschutz geliefert. Bei Wurfäxten fehlt er oft ab Werk. Man kann selber einen anfertigen oder von einem Messerscheiden-Macher anfertigen lassen.

18

Lockerer Sitz – eine häufige Axt-Krankheit

Hin und wieder kann es durchaus vorkommen, dass der Axtkopf sich am hölzernen Schaft lockert. Eine Ursache kann das Auswechseln des Stiels sein. Das passiert jedoch eher selten, da erfahrungsgemäß gerade die Austauschstiele immer sehr passgenau sind. Manchmal haben die Stiele sogar ein wenig Übermaß, so dass man den Axtkopf schon mit ein paar wuchtigen Schlägen festhämmern muss. Ein auf solche Art befestigter Tomahawk löst sich dann ohnehin so schnell nicht wieder von allein.

Viel häufiger lockern sich Axtstiele erfahrungsgemäß durch Fehlwürfe, wie etwa das versehentliche Auftreffen auf die Scheibe mit dem Stiel voran. Aufgrund des schweren Kopfes sind hier enorme Kräfte am Werk, die die Festigkeit der Verbindung von Axtkopf und -stiel auf die Probe stellen. Früher gab man den Tipp, locker sitzende Beile eine Weile vor dem Training oder dem Wettbewerb ins Wasser zu legen, da sich dadurch das Holz ausdehnt und die Axt wieder fest am Schaft sitzt.

Auch wenn das funktionieren mag, rate ich jedoch von diesem Spezialrezept ab. Die Begründung gebe ich gerne:

1. Wasser ist der natürliche Feind von Stahl. Du sorgst also mit dem Wasser-Trick nur dafür, dass deine Wurfäxte rosten. Und das vor allen Dingen an den Innenseiten des Kopfes, wo du mit normalen Pflegearbeiten nicht herankommst.
2. Vielleicht hast du schon bemerkt, dass die Axtköpfe der meisten Modelle außerdem noch mit einer kleinen Madenschraube am Holzstiel verschraubt sind und damit einen zusätzlichen Halt bekommen.

Diese Schraube würde nun gleichermaßen allmählich von innen her vor sich hin rosten und sich dadurch im Stahlgewinde der Axt festfressen. Somit bekommst du irgendwann Probleme, die Axt bei Bedarf überhaupt noch vom Holzschaft zu trennen.

3. Auch das Holz des Axtstiels leidet auf lange Sicht durch das Wässern. Bei Treibholz an Stränden sieht man recht gut, was mit Holz geschieht, das zu lange im Wasser gelegen hat: Es laugt aus, wird brüchig, trocken und porös. Damit scheidet es zur Verwendung als Griff oder Stiel von Werkzeugen oder Geräten zwangsläufig aus. Und nicht zuletzt ist das Wässern keine Lösung auf lange Sicht, denn bereits nach kurzer Zeit trocknet das Holz wieder aus und die Axt sitzt erneut locker.

Die materialschonendste Herangehensweise an das Problem mit lockeren Axtköpfen ist viel einfacher und dauert höchstens fünf Minuten. So wird's gemacht:

Schritt 1: Mit einem Inbusschlüssel die kleine Madenschraube im Axtkörper losdrehen (sofern eine vorhanden ist).

Schritt 2: Den Axtkörper mit ein paar wohldosierten Hammerschlägen rund zehn Zentimeter herunterklopfen (am besten mit einem materialfreundlichen Camping-Gummihammer), so dass der obere Teil des Schaftholzes frei liegt. Das wird jetzt recht leicht gehen, da der Kopf ja ohnehin bereits locker saß.

Schritt 3: Exakt die Stelle des Stiels, an der der Axtkörper sitzt, einmal ringsherum mit Gewebetape umwickeln. Dabei nach Möglichkeit das Tape am Ende nicht überlappen lassen, sondern bündig abschließen. Mehr als eine Lage ist meistens nicht erforderlich, denn wickelst du zu viel Tape ums Holz, so passt am Ende der Kopf nicht länger drauf.

Schritt 4: Den Axtkörper mit ein paar Schlägen auf das Stielende wieder festhämmern. Dabei brauchst du ihn nicht einmal im Schraubstock einspannen, sondern kannst ihn sogar mit der Hand festhalten.

Schritt 5: Die Madenschraube wieder festziehen. Weil sich das Tape genau darunter befindet, sitzt die Schraube jetzt höchstwahrscheinlich noch besser als vorher. Doch wenn du magst, kannst du sie jetzt und zukünftig auch komplett weglassen. Fertig!

Diese Vorgehensweise ist auch dann sehr zu empfehlen, wenn eventuell die Madenschraube einmal verloren geht, das Innengewinde verkantet oder auf andere Weise die Schraube nicht mehr anzuziehen ist. Nach eigener Erfahrung hält der Tomahawk erst einmal wieder für eine lange Zeit wirklich bombenfest. Zwei meiner Wettkampf-Tomahawks habe ich auf diese Weise befestigt, und sie fliegen im Training und im Wettbewerb ohne jede Beanstandung und ohne jedes Wackeln, obwohl bei beiden Hawks die Schrauben seit mehreren Jahren fehlen.

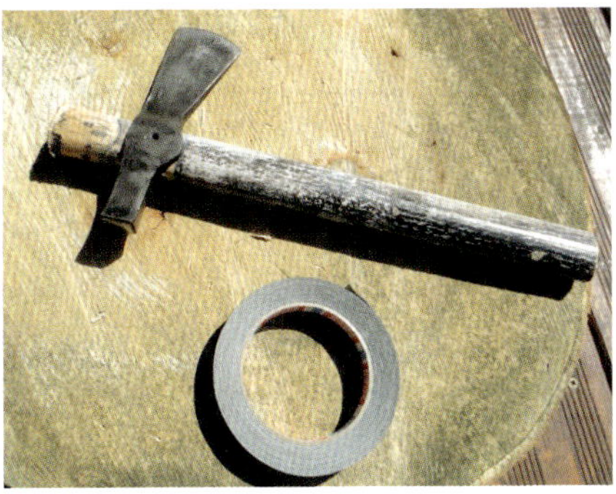

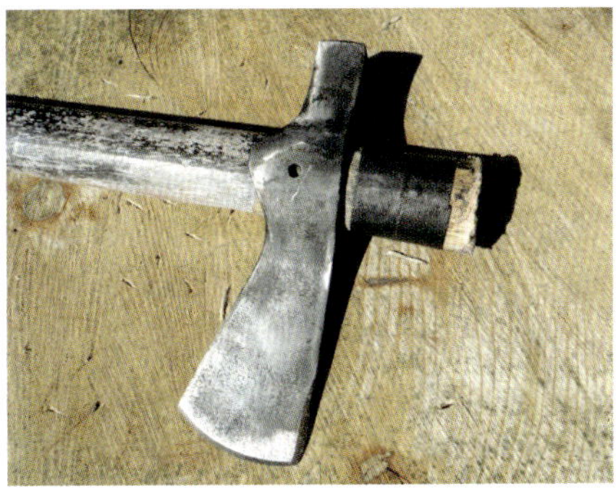

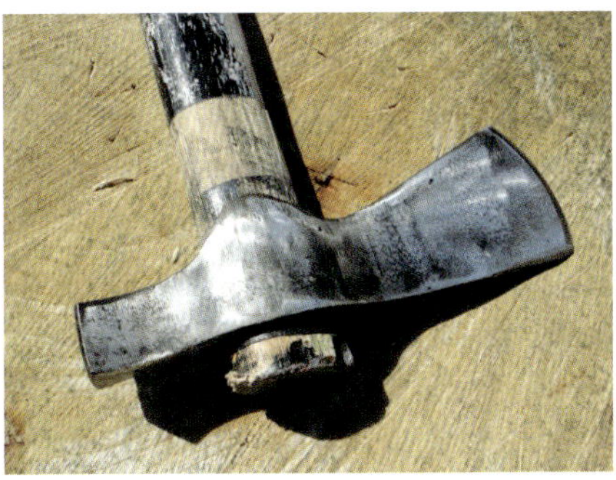

Das korrekte »Tapen« eines Tomahawks ist in fünf Minuten erledigt.

19

Die meditative Wirkung des Messer- und Axtwerfens

Messerwerfen ist ein sehr ambivalenter Sport. Auf der einen Seite ist der Vorgang selbst schließlich mehr als einfach: Du stehst als Werfer vor deiner Zielscheibe und versuchst, so genau und exakt wie möglich dein anvisiertes Ziel in der Mitte zu treffen. Simpler geht es ja fast nicht mehr! Es gibt nur dich, deine Wurfwaffen und das Ziel. Das Ganze im »Hier und Jetzt«.

Auf der anderen Seite ist allein der erforderliche Bewegungsablauf beileibe nicht einfach zu erlernen und braucht seine Zeit, bis man ihn halbwegs automatisiert abrufen kann. Und wie bereits an anderer Stelle angemerkt, stehen wir Sportwerfer ja nicht nur vor dem Wunsch des Treffen-Wollens, sondern müssen uns zudem von Beginn an auch noch mit physikalischen Grundlagen und Gesetzmäßigkeiten von rotierenden Waffen auseinandersetzen.

Aus der Vielzahl von Anforderungen, die an den Sportwerfer gestellt werden, ergibt sich ein hohes Maß an notwendiger Konzentrationsfähigkeit, das Ganze noch gepaart mit Duldsamkeit (gegenüber den eigenen Fehlern) und einem zähen Durchhaltewillen, denn man möchte ja Fortschritte machen und allmählich besser werden. Das führt jedoch im Umkehrschluss geradezu zwangsläufig dazu, dass man während der Trainingsausübung so gut wie keine Gedanken für andere Dinge des Alltags mehr frei hat. Damit erfüllt das Messerwerfen viele ideale Voraussetzungen für eine so genannte »Aufmerksamkeits-Meditation«.

Der Werfer-Tunnelblick

Wenn man den Begriff der Meditation auf den kleinsten Nenner kürzt, so bedeutet diese Tätigkeit – stark vereinfacht ausgedrückt – nichts anderes als ein überaus konzentriertes Nichtstun. Das fällt vielen Menschen in unserer leistungsorientierten Multitasking-Kultur schwer. Ausgerechnet in dem Moment, wenn man versucht, an überhaupt nichts zu denken, kommen die Gedanken wie Heuschreckenschwärme in den Geist geflogen. Bei manchen Sportarten jedoch – und das schließt das Messerwerfen unbedingt mit ein – führt die Ausübung dazu, dass die eigene Aufmerksamkeit höchstmöglich kanalisiert wird. Während der Trainingsausübung kann der Sportler an beinahe nichts anderes mehr denken als an seine Wurfmesser, das anvisierte Ziel und die auszuführende Bewegung. Und was soll daran nun so besonders sein?

Stellen wir dazu einen kurzen Vergleich an und nehmen drei Sportler als Beispiele: einen Marathonläufer, eine Schwimmerin und einen Fußballspieler. Diese drei haben während des Trainings wie auch des Wettkampfes massenhaft Zeit, sich alle möglichen Gedanken zu machen: Über die Zensuren ihrer Kinder in der Schule, die Einkaufsliste für das Wochenende, die Urlaubsplanung, berufliche Projekte und so weiter. Das kann sich in die Gedanken eines Läufers einschleichen, während er durch den Wald rennt, in den Kopf einer Schwimmerin beim Zählen der Kacheln zwischen der neunten und zehnten Bahn, oder die Gedankengänge eines Mittelstürmers, wenn er zu lange auf den entscheidenden Pass für seinen Schuss aufs Tor warten muss.

Der Messerwerfer hingegen hat dafür keinen Kopf. Diese Fokussierung auf nur einen oder zwei wesentliche geistige Punkte führt nach dem Training beinahe immer zu einer mentalen »Erfrischung«, auch wenn Schultern und Arme etwas wehtun. Doch selbst das registrieren wir erst am Ende des Tages, nicht aber während des Trainings.

Die elementare Konzentration im »Hier und Jetzt« auf nur zwei essenzielle Punkte, das heißt das Ziel zum einen und die technische Ausführung des Wurfs zum anderen, macht gründlich den Kopf frei. Und bei einem fortgeschrittenen Sportler führt die Automatisierung des Bewegungsablaufs irgendwann zu einem Punkt der Freiheit im Geist, die zuverlässig bewirkt, dass man sich nur noch auf das Ziel konzentriert, während die Bewegung selbst automatisch abgerufen wird. Diese Form der gefühlten Freiheit nennt man in der fernöstlich-japanischen Kunst des Zen gern »Leere«. Dieser Begriff ist allerdings keinesfalls mit Bedeutungs- oder Inhaltslosigkeit gleichzusetzen, sondern viel eher mit einem »Aufräumen im Geist« und der ganz bewusst aufmerksamen Beschränkung auf das Wesentliche. Raus mit dem Gedankensperrmüll aus der Messie-Wohnung deines Geistes, mit all dem belastenden, unnötigen Alltags-Einerlei!

Diese Gesetzmäßigkeit des Zustands der Leere gibt es im übrigen auch in zahlreichen asiatischen Kampfsportsystemen, in denen durch unzählige Wiederholungen in der Bewegung ebenfalls eine Art der »Freiheits-

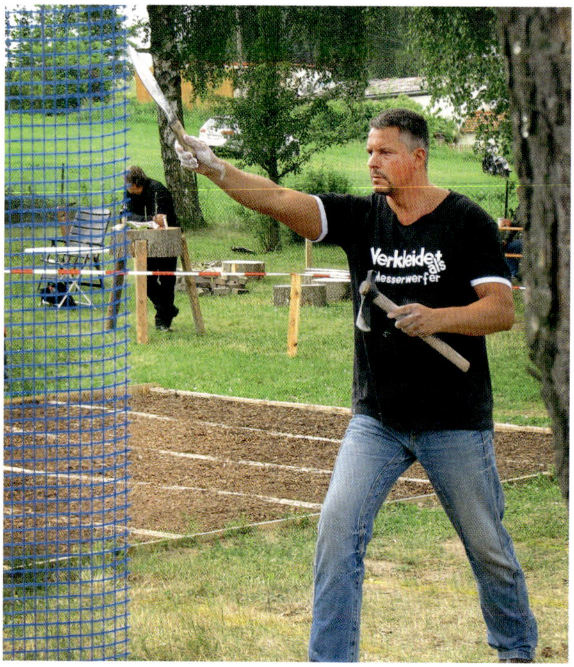

Der Tunnelblick eines Werfers ist Sinnbild für die Konzentration vor dem Wurf. Während er das Ziel anvisiert, führt der Athlet die Ausholbewegung vollkommen automatisch aus.

stufe« erreicht werden soll, ab derer man als Trainierender nicht länger über die Bewegung an sich nachzudenken braucht. So bedeutet der Name der Kampfkunst »Karate-Do« wörtlich übersetzt einfach nur »der Weg der leeren Hand«. Oberflächlich betrachtet ist damit die Befähigung gemeint, sich mittels dieser Kampftechnik mit leeren, also unbewaffneten Händen gegen einen (auch körperlich stärkeren) Gegner verteidigen zu können. Tiefer ausgelotet existiert in diesem Sport gleichermaßen der Begriff einer geistig-mentalen Leere zum Zwecke der Kanalisierung und Konzentration der Kraft, psychisch wie physisch.

Wenn du eine Stunde lang deine Messer wirfst, so gehört diese Stunde allein dir und deinen Wurfwaffen, alles andere muss gedanklich draußen bleiben und warten. Es wird hinterher immer noch da sein, nur keine Sorge!

Nebenbei ist beim Messerwerfen ein schöner Begleiteffekt darin zu erkennen, dass der Werfer durch das Geräusch des Treffens sofort, binnen einer knappen Sekunde, für seinen sportlichen Eifer belohnt wird. Eine gute Ausführung deiner Wurfbewegung führt also unverzüglich zu deren Bestätigung und zum unmittelbaren Lohn der Mühe. Hier nehme ich wieder als direkten Vergleich den Mittelstürmer einer Fußballmannschaft, der schlimmstenfalls über die volle Spieldauer keine einzige verwertbare Chance zum Torschuss bekommt und am Ende des Tages sportlich unbelohnt bleibt.

Der Kartoffelchip-Effekt

Während man weiterhin in zahlreichen Sportarten in der Tat oft froh ist, wenn das harte Training sich endlich dem Ende neigt und man zum Glück in ein paar Minuten unter die Dusche und dann nach Hause kann, so verhält sich das beim Messerwerfen seltsamerweise eher umgekehrt. Das nenne ich dann den Kartoffelchip-Effekt. Dieses Phänomen ist weit verbreitet: Man öffnet eine Tüte herrlich würziger Paprikachips und kann nicht aufhören, den Inhalt aufzuessen, bis auch die letzten Krümel vertilgt sind.

Übertragen auf das Werfen ist es eine Tatsache, die bereits der Anfänger im Zuge seiner ersten Trainingseinheiten registriert. Irgendwann hat er den Punkt erreicht, an dem ein freiwilliges Aufhören nur noch schwer möglich ist. Die »Sucht« setzt ein! Wir wollen einfach immer mehr! In vielen dieser »Fälle von Schwerstabhängigkeit« sorgt erst das am Abend schwindende Tageslicht dafür, dass wir Werfer unsere Waffen endlich aus der inzwischen schmerzenden Hand legen müssen.

So schließt sich der Kreis, denn genau dort ist auch der Ansatz zu finden, der die Faszination des Wurfsports ausmacht: Er ist erstens körperlich nicht allzu ermüdend, so dass man ihn über einen längeren Zeitraum betreiben kann, ohne überhaupt Erschöpfungsanzeichen zu zeigen. Das Ganze bis ins hohe Alter!

Zweitens ist das Werfen extrem konzentrationsfördernd und kanalisiert die Aufmerksamkeit auf zwei wesentliche Punkte, jedoch auf sonst nichts weiter. Drittens stellt es die ganz hohe Schule deiner koordinativen Fertigkeiten dar, die bei erfolgreichem Zusammenspiel zwischen Geist und Muskeln viertens sofort die (akustische) Belohnung folgen lässt: »Thunk«.

20

Materialpflege und Wartung

Wenn ich hin und wieder die völlig verschrammten, vermackten und verrosteten, ja regelrecht verwahrlosten Waffen mancher Werferfreunde sehe, überfällt mich ein starkes Gefühl des Mitleids mit den Klingen. Es ist zwar auf der einen Seite logisch, dass unsere Messer keine blankpolierten, hochwertigen Sammlerstücke sein können, sondern eben reine Sportgeräte sind. Doch so wie ein Rennradler sein Fahrrad putzt und wartet oder der Sporttaucher seine Ausrüstung instand hält, so sollten auch wir unserer sportlichen Grundausstattung ein Minimum an Pflege nicht versagen.

Das hat keineswegs nur ästhetische Gründe, sondern vielmehr auch ganz handfeste und praktische: Wie bereits eingangs gesagt, sind unsere Waffen im Training und Wettbewerb ständig einem harten und rauen Gebrauch ausgesetzt, der nach einer gewissen Zeit unweigerlich seine Spuren auf den Klingen hinterlässt. Das trifft in besonderem Maße dann zu, wenn du nur ein einziges Wurfziel zur Verfügung hast und Dreier- oder auch Sechserserien mit deinen Messern auf dieses Ziel wirfst. In früheren Zeiten haben wir teilweise auf diese Art sogar noch unsere Wettkämpfe durchgeführt. Das wurde aus praktischen Gründen ab 2007 aber geändert.

Klingenpflege

Nicht selten kommt es bei dieser Form des Trainings zu Kollisionen der Messer. Als Folge davon können sich zum Teil kleinste, aber scharfe Splitter von den Klingen lösen und abspleißen. Stell dir jetzt kurz vor, du machst mit einer derart ungepflegten »Schrammelklinge« einen Klingenwurf wie im Wilden Westen: Du lässt das Messer fliegen und wunderst dich sofort über einen stechenden Schmerz in deinem Zeigefinger.

Ich kann dir jetzt schon verraten, dass dir das wahrscheinlich nur ein einziges Mal passieren wird. Nachdem du dir mühsam den winzigen Metallsplitter mit Pinzette und Sicherheitsnadel aus dem Finger herausoperiert hast, wirst du deine Messer zukünftig sicherlich besser und pfleglicher behandeln. Ich empfehle dir grundsätzlich, nach jedem Touchieren deiner Messer auf dem Wurfziel die betroffenen Exemplare genau zu begutachten, selbst kleinste Beschädigungen zu markieren und möglichst sofort herauszuarbeiten.

Das kannst du mit einer Metallfeile machen, mit Schmirgelpapier, aber auch mittels »Flex« oder Bohrmaschine mit Fächerschleifer. Letzteres geht in der Tat am schnellsten und auch am saubersten. Zudem kann

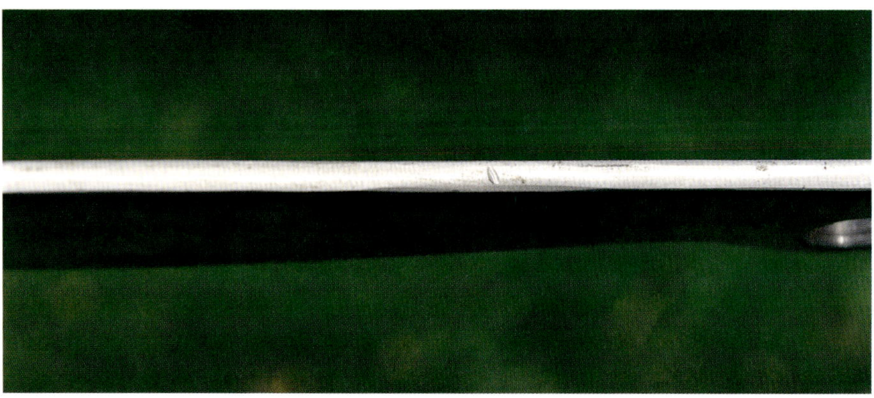

Typische Kerbe am Messerrücken durch die Kollision mit einem anderen Messer auf der Zielscheibe. Am besten entfernt man diese Schäden zeitnah.

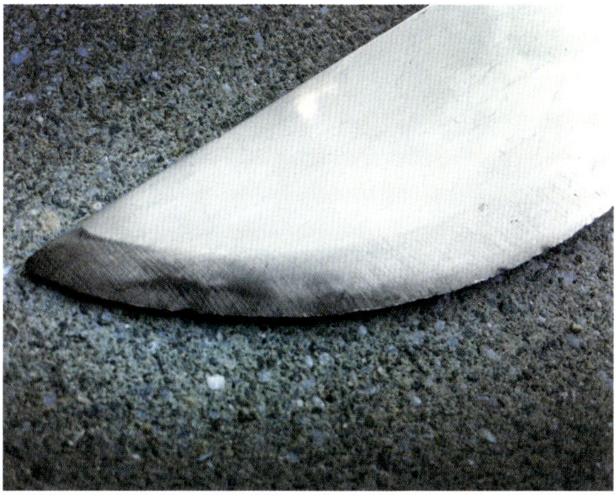

Scharten in der Klinge sind ebenfalls die Folge des harten Kontakts von Metall auf Metall. Hilfe bringt hier nur Abschleifen.

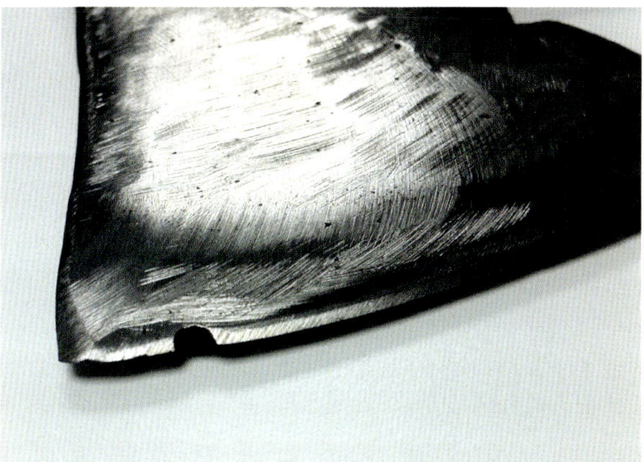

Typische Kerben am Axtkopf durch die Kollision mit einer anderen Axt auf der Zielscheibe.

man seine Wurfwaffen mit einem Fächerschleifer wunderbar blankpolieren, was spätestens bei Wettbewerben einen guten Eindruck macht. Es offenbart sich auch eine gewisse innere Haltung zu unserem Sport, wenn wir unsere Waffen sichtbar gut in Schuss halten. Selbstverständlich gehört dazu auch, dass man schon aus rein pragmatischen Gründen die Spitzen und Enden der Messer immer scharf hält, denn diese Punkte treffen schließlich auf das Holz der Scheiben.

Konservieren

Nach Saisonende, vielleicht im tiefsten Winter – sofern du vorhast, mal für ein paar Wochen Pause zu machen – ist es sinnvoll, deine Wurfmesser einzuölen. Ideal ist zum Beispiel Klever Ballistol-Waffenöl. Das schützt vor Korrosion, und du wirst länger Freude an deinen blanken Waffen haben.

Bei Temperaturen unterhalb des Gefrierpunkts ist es ohnehin nicht länger ratsam, »outdoor« seinem Training nachzugehen, und das nicht nur aufgrund von kalten Händen. Vielmehr ist es so, dass bei Minusgraden das im Weichholz der Scheiben gespeicherte Wasser gefriert und die Holzscheiben dadurch hart werden wie Beton. Genauso gut könntest du also gegen eine Steinmauer werfen, weshalb ich persönlich bei solchen äußeren Bedingungen gerne Pause mache und warte, bis es wieder wärmer ist.

Aber nicht vergessen: Wenn du wieder zu werfen beginnst, entferne die Ölrückstände auf deinen Messern möglichst gründlich, denn sonst machst du unweigerlich so genannte »Ölwürfe«, bei denen dir deine Messer aus der Hand flutschen und im hohen Bogen in Richtung Himmel davonfliegen.

Feine und leichte Rostrückstände lassen sich entweder mit feinkörnigem Schmirgelpapier oder dem Fächerschleifer wegpolieren, alternativ auch mit etwas Wasser und einem Zitronenstein. Danach gründlich abtrocknen, denn sonst ist der Rost sofort wieder da.

Deine Messer solltest du immer möglichst trocken aufbewahren. Also nicht draußen im Geräteschuppen oder im Gartenhäuschen lagern, da in dieser Umgebung meistens eine zu hohe Luftfeuchtigkeit herrscht.

Klingen richten

Verbogene Klingen lassen sich bei vielen Modellen einfach begradigen, indem man sie übers Knie legt und dann mit vorsichtigem Zug wieder

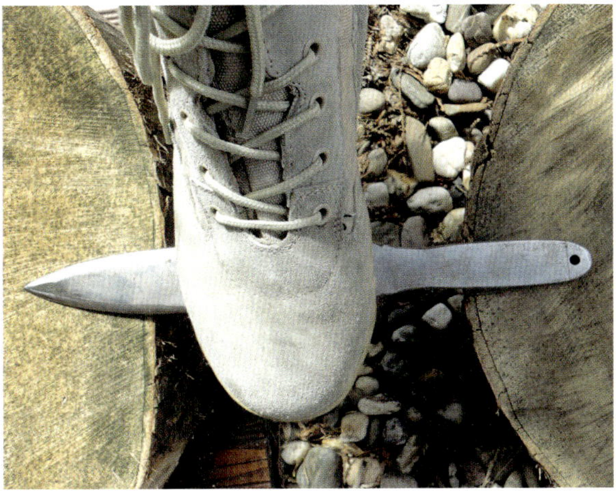

Um verbogene Klingen zu richten, reicht schon eine improvisierte Vorrichtung, wie in diesem Fall zwei Baumscheiben.

in die gewünschte Form bringt. Zur Sicherheit sollte man dabei immer das spitze Ende mit einem Handtuch umwickeln, um Verletzungen zu vermeiden.

Bei härterem Stahl geht es wiederum am einfachsten, indem du zwei Vierkanthölzer oder auch wahlweise Backsteine auf den Boden legst (letztere dann materialfreundlich mit einem Tuch polstern), das Messer dann jeweils mit den Enden darauf legst und dich mit viel Gefühl und vorsichtig mit nur einem Fuß darauf stellst. Bitte nicht wippen oder federn, denn dann droht Bruchgefahr.

Transport

Zum guten Schluss noch ein Hinweis zum materialschonenden Transport: Gerade Flugreisen sind bekannt dafür, dass das Gepäck der Reisenden mitunter heftig durchgeschüttelt wird. Um nicht nur deine Wurfwaffen, sondern in erster Linie auch dein restliches Gepäck zu schonen, macht es Sinn, die Messer in geeigneten Futteralen aufzubewahren.

Sofern du keine solchen Hüllen zur Verfügung hast, wickle deine Messer sorgfältig in Handtücher ein, damit dein Kofferinhalt nicht geschreddert wird. Auch alte und wegen Löchern oder ausgedünnten Stellen ausgemusterte Socken eignen sich dafür, da dadurch die Schutzfunktion nicht beeinträchtigt ist. Achte weiterhin darauf, dass deine Wurfgeräte auch im Koffer absolut eng und fest verpackt sind, so dass sie sich in ihrer Position nicht mehr bewegen können. Sobald du am Ziel angekommen bist, darfst du sie gerne wieder in die Freiheit entlassen – sie bekommen eh noch genug Bewegung!

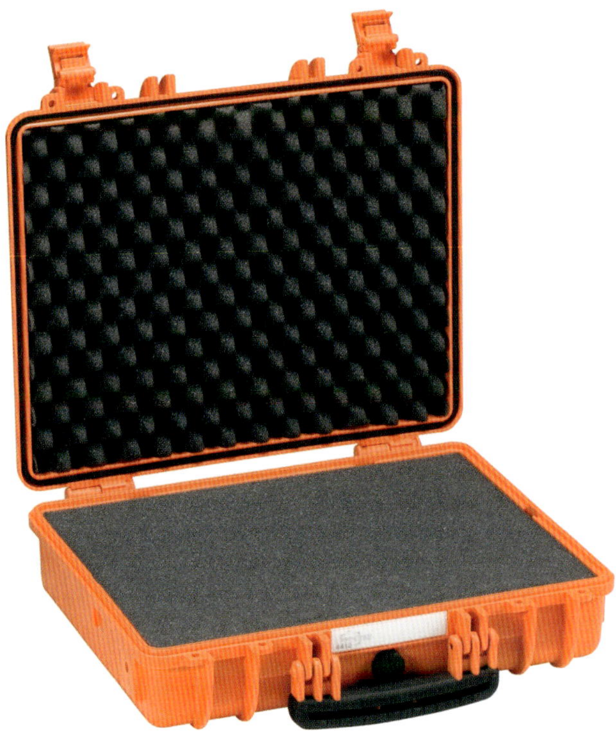

Am besten transportiert man seine Messer und Äxte in einem stabilen und abschließbaren Koffer.

21

Nützliche Tricks und Hilfen

Magnesia

Das weiße Pulver wird beim Turnen, beim Klettern, in den Wurfdisziplinen der Leichtathletik sowie beim Gewichtheben eingesetzt. Und zwar sowohl im Wettkampf als auch im Training. Nichts ist so gut geeignet, um Schwitzehändchen und Feuchtigkeit wirksamer zu begegnen als Magnesiumcarbonat, kurz »Magnesia« genannt. Aber bitte nicht mit Babypuder oder Talkum verwechseln, denn diese bewirken das genaue Gegenteil: Sie erzeugen einen Schmierfilm, der extrem rutschig ist. Auf Magnesia rutscht hingegen überhaupt nichts, da es sehr viel Wasser absorbieren kann und damit trocknet.

Magnesia sorgt auch beim Messer- und Axtwerfen für einen angenehmen »Grip« und eine dauerhaft trockene Hand. Und da wir unseren Sport fast ausschließlich draußen an der frischen Luft betreiben, lauert die Feuchtigkeit überall auf uns – bei hohen Temperaturen in den Händen durch natürliches Schwitzen, verstärkt durch die körperliche Bewegung, dann und wann zusätzlich durch die Aufregung im Wettbewerb, und bei Regen durch die Nässe auf unseren Waffen. Manchmal passiert sogar alles gleichzeitig.

Außerdem ist Magnesia eine sehr wirksame Hilfe bei verharzten Klingen, wenn in den Wettbewerben auf Nadelhölzer geworfen wird. Ohne dieses kleine Wundermittel bekommt man als Werfer gerade in einem Contest rasch Probleme bei Klingenwürfen, wenn die Wurfhand durch frisches Harz wie mit Pattex am Metall klebt und damit das gezielte Werfen erschwert. Harzrückstände bekommst du übrigens später mit ein wenig Waffenöl mühelos wieder weg. Im Wettkampf wäre das jedoch absolut nicht angeraten, denn du ersetzt damit die sprichwörtliche Pest durch die Cholera: Statt mit »Pattex-Würfen« quasi den Boden vor dir zu durchlöchern, flutschen deine Messer dann per »Ölwurf« hinauf in den Himmel oder hinaus in die Landschaft – unkontrolliert und ziellos.

Magnesia bekommst du im Internethandel oder auch in Bergsport-Fachgeschäften preiswert in größeren Gebinden. Es ist ergiebig und verbraucht sich nicht allzu schnell. Wichtig: Bei Flugreisen das Magnesia nach Möglichkeit nicht im Handgepäck mitführen, denn Zoll- und Polizeibeamte reagieren möglicherweise seltsam, wenn du einen Beutel mit weißem Pulver bei dir trägst.

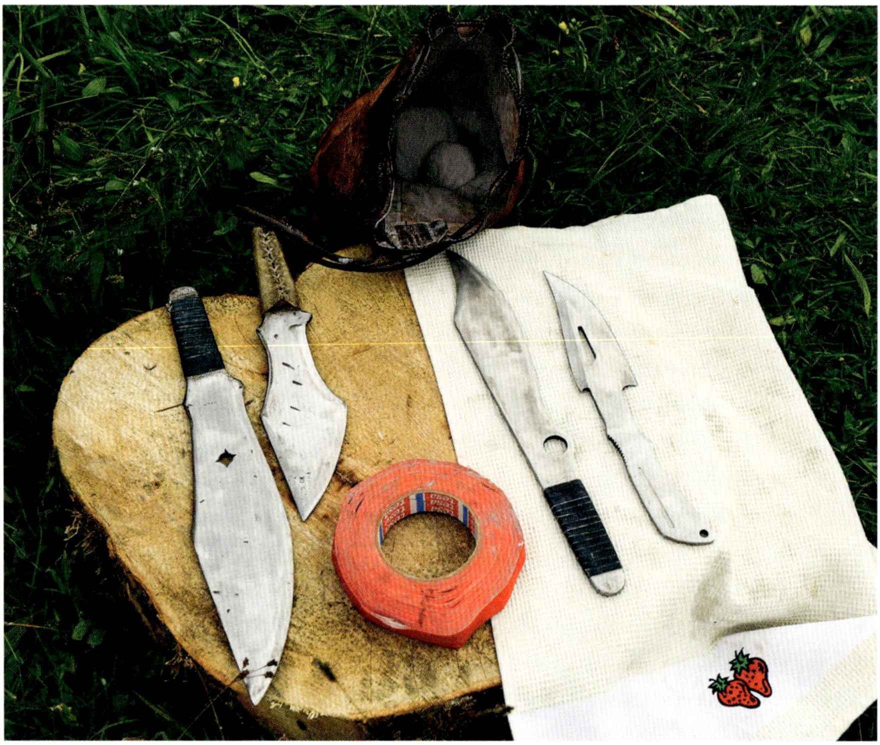

Ein Geschirrhandtuch, ein Beutel mit Magnesia (oben) und ein gutes Tape für den Griff: So bist du perfekt gerüstet für immer griffige und trockene Klingen.

Tape

Nicht jeder Messerwerfer mag Kunststoff-Griffschalen oder hölzerne Messergriffe. Aber auch der blanke Stahlkörper des nackten Wurfmessers ist nicht jedermanns Sache. Eine Alternativlösung für den besseren »Grip« ist die Umwicklung mit Klebeband. Allerdings ist nicht jedes Tape gleich gut geeignet. Hervorragend tauglich finde ich das Gewebetape von »Tesa«, zudem ist es auf einer großen Rolle recht erschwinglich, und man kommt lange Zeit damit aus. Und je besser du im Laufe der kommenden Zeit wirst, umso länger hält dein Tape.

Richtiges Griff-Tapen will gelernt sein: Immer von außen nach innen wickeln und dabei auf die Überlagerung achten. Diese sollte bei den einzelnen Wicklungen nicht weniger als 50 Prozent der Bandbreite betragen.

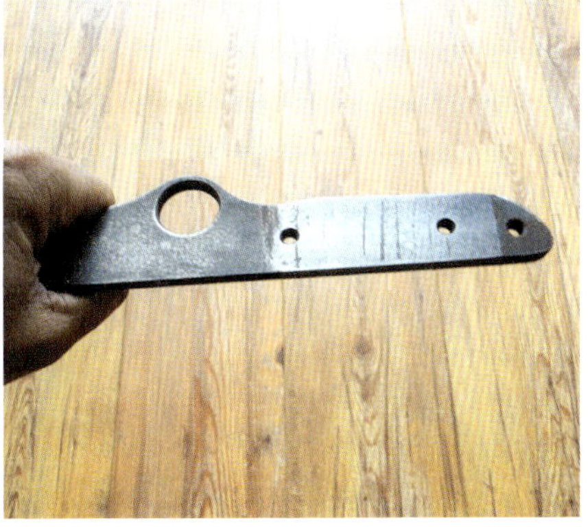

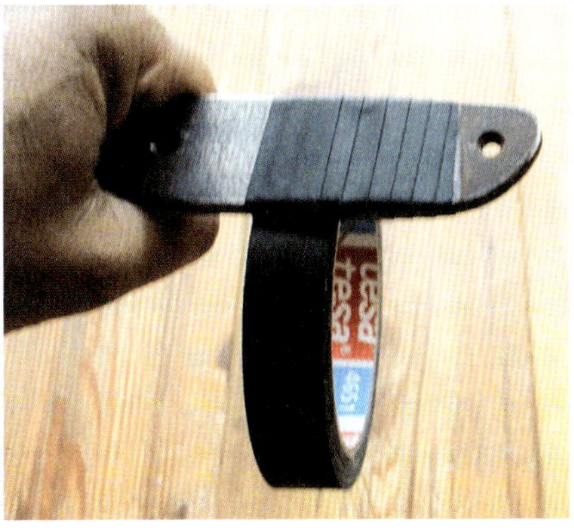

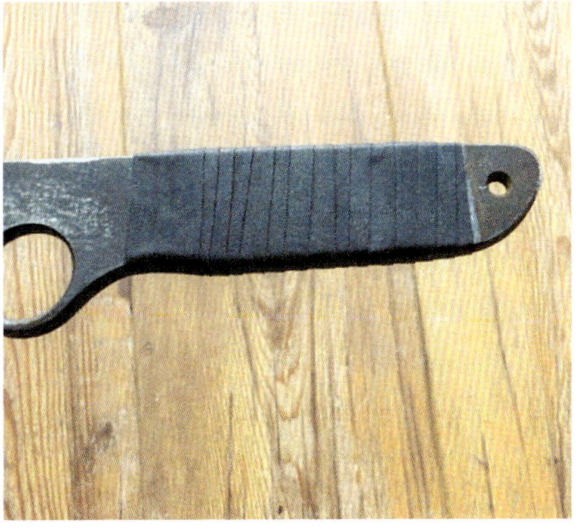

Sofern du eine etwas luxuriösere Ware bevorzugen solltest, so kannst du auch im Sportgeschäft Tennisschläger-Tape erwerben. Das liegt in der Tat toll in der Hand, ist jedoch leider auch ziemlich weich und empfindlich. Bereits nach wenigen Fehlwürfen können sich die ersten Risse in diesem Material zeigen. Außerdem ist Tennis-Tape nach meiner Ansicht für unseren Zweck eigentlich zu kostspielig, denn auch der fortgeschrittene Werfer muss immer wieder Fehlwürfe einkalkulieren, gerade bei den anspruchsvollen, großen Entfernungen oder noch mehr bei den Langdistanz-Wettbewerben.

Wichtig beim Tapen: Wenn du dein Messer mit Tape umwickelst, solltest du immer oben am Griff anfangen und dich beim Wickeln spiralförmig in Richtung der Schneide vorarbeiten. Nur so liegen die Tape-Schichten am Ende wie Dachziegel auf einem Hausdach richtig herum und sorgen für ein angenehmes Loslassen. Machst du es hingegen verkehrt herum, verspürst du unweigerlich ein Gefühl des »Bremsens«, weil du das Band mit jedem Wurf abwickelst, umkrempelst und aufraust.

Geschirrhandtuch

Das Handtuch wirst du bei vielen Werfern vor allen Dingen während der Wettbewerbe sehen. Es hängt dann lässig aus einer der Hosentaschen heraus oder vom Gürtel, immer griffbereit, um bei Bedarf Messer oder Hände abzutrocknen.

Der Grund für die Notwendigkeit des Abtrocknens kann verschiedener Natur sein, beispielsweise ein Fehlwurf, bei dem das Messer im nassen Gras landet, oder eine äußerst frische und naturfeuchte Holzscheibe, die noch so saftig ist, dass die Klingenspitzen nach dem Herausziehen in der Tat tropfnass sein können. Nicht gerade ideal, wenn danach die Vier-Meter-Klingenwürfe anstehen! Zudem tragen wir unsere Wettbewerbe stets draußen im Freien aus, so dass es durchaus vorkommen kann, dass es gerade dann regnet, wenn ausgerechnet du an der Reihe bist.

22

Das beste Alter

Welches ist das beste Alter, um mit unserem Sport zu beginnen? »Früh übt sich« ist ein Grundsatz, der für das Axt- und Messerwerfen genauso gilt wie für jede andere sportliche Betätigung. Da bei unserem Sport jedoch auch der sichere Umgang mit dem Sportgerät ein elementarer Aspekt ist, sollten wir hier ein Mindestalter nicht unterschreiten. Im direkten Vergleich zum Turnen, an das spielerisch bereits ein vierjähriges Kind herangeführt werden kann, sieht die Sache beim Wurfsport etwas anders aus. Ein Kind muss zum einen in der Lage sein zu begreifen, dass es in unserem Sport – vergleichbar mit dem Bogenschießen – darum geht, mit einer Waffe entsprechend sicher umzugehen, so dass kein Beteiligter gefährdet wird. Zum anderen muss es selbstverständlich auch unter dem Gesichtspunkt der notwendigen Kraft dazu befähigt sein, die Waffen überhaupt werfen zu können.

Ich persönlich habe die Erfahrung gemacht, dass zehn Lebensjahre eine gute Basis sind, um zu starten. Das gilt für Jungen wie Mädchen gleichermaßen, denn in diesem Alter begann meine Nichte Kim ihr Training unter meiner Anleitung und wurde nur zwei Jahre später vollkommen überraschend die bis heute jüngste europäische Meisterin in der Frauenwertung (Messerwerfen Kurzdistanz drei Meter, Großes Europäisches Werfertreffen, Tschechische Republik, 2008).

Weiterhin ist es ratsam, das Gewicht der Wurfmesser dabei in einem vernünftigen Rahmen zu belassen, das heißt möglichst zwischen 300 und 400 Gramm. Zu wenig darf es umgekehrt auch nicht sein, denn dadurch würden die Gelenke zu stark belastet, genau wie bei uns Erwachsenen. Gute Messermodelle für Kinder und Jugendliche zum Anfang sind das Haller-Artistenwurfmesser, das Condor Dismissal und der Perfect-Balance-Thrower von Cold Steel.

Auch eine Wurfaxt sollte nicht zu schwer sein, wenn sie von Kindern und Jugendlichen geworfen wird. Das heißt, sie sollte nicht viel mehr wiegen als die vorgeschriebenen 500 Gramm Mindestgewicht. Meine erste Wahl wäre der Trail-Hawk von Cold Steel, der 600 Gramm wiegt. Sein Holzstiel kann bestens auf die körperlichen Belange eines jungen Werfers zurechtgeschnitten werden.

Jetzt kommt selbstverständlich noch der sicherheitstechnische Aspekt hinzu: Kinder und Jugendliche sollten der Aufsicht eines Erwachsenen unterstehen, sobald sie ihrer Trainingsausübung nachgehen. Eine direkte und unmittelbare Beaufsichtigung sehe ich bei Kindern und Jugendlichen zwischen zehn und 16 Jahren als geradezu unabdingbar an. Ohne das geht es einfach nicht, doch es lässt sich hervorragend als »gemeinsames Training« verkaufen, damit sich der Youngster nicht allzu bevormundet oder gegängelt fühlt. Zwischen 16 und 18 Jahren kommt es dann einfach

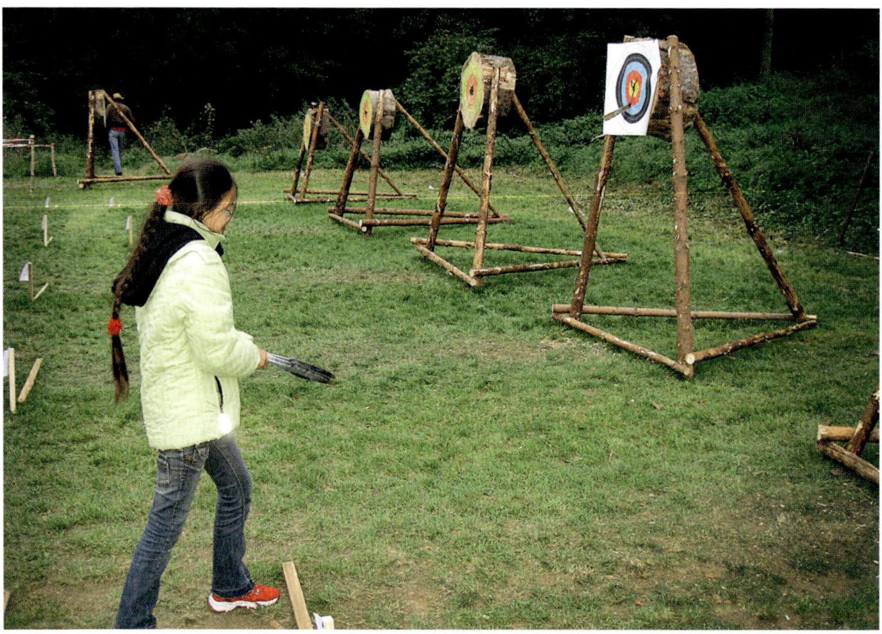

Perfekte Fußhaltung – die Nichte des Autors beim Wurf.

darauf an: Trainiert zum Beispiel ein 17-jähriger, vernünftiger junger Mann für eine kurze Weile allein in einem privaten, umfriedeten Garten, so ist das aus meiner Sicht durchaus vertretbar.

Anders ist die Situation, wenn vier Teenager zusammen beim Werfen sind – zwei davon vielleicht etwas weniger vernünftig oder auch leichtsinnig. Falls hier nun eventuell die famose Idee aufkommt, sich als »Mutprobe« in der Geschicklichkeit im Silhouettenwerfen zu messen, so wäre ich in der Tat lieber die gesamte Zeit dabei, um ein solches Vorhaben zu verhindern, bevor Schlimmeres passiert.

Doch an alle Eltern, deren Sohn (oder auch Tochter) heute dieses Buch angeschleppt hat: Messer- und Axtwerfen ist tatsächlich ein Sport wie jeder andere auch, und gesundheitliche Gefahren lauern eher beim Fußball, Handball, Rennrad fahren oder Geräteturnen. Bei allen bisherigen Wettbewerben, an denen ich in Europa und den USA teilnahm, hat es bisher nur eine einzige leichte Verletzung gegeben – und die resultierte daraus, dass einer meiner Werferfreunde zwischendurch Lust hatte, mit seinen Tomahawks zu jonglieren und dabei versehentlich am scharfen Ende zufasste.

Außerdem gibt es noch einen Aspekt: Gefahren jeglicher Art und deren frühzeitiges Erkennen sowie der vernünftige Umgang damit gehören auch zum Heranwachsen eines jungen Menschen. Daran kann er/sie reifen und die erforderliche Lebenserfahrung sammeln, die er als Erwachsener im Leben braucht. Die Amerikaner leisten hier übrigens derzeit die beste Nachwuchsarbeit. Hier werden die Kids recht früh an die Kunst des Messerwerfens herangeführt und trainiert.

23

Wie »sportlich« ist das Messer- und Axtwerfen?

Jeder von euch, der mit dem sportlichen Messer- oder Axtwerfen beginnen möchte, braucht dafür kein »Tarzan« oder »Ironman« zu sein. Ein durchschnittlicher Kräftigungsgrad in den Armen reicht zunächst vollkommen aus, und ein ärztliches Zeugnis ist ebenfalls nicht nötig. Am Ende weißt du sicherlich am besten, was du dir zutrauen kannst und auch wie lange.

Eine Besonderheit unseres Sports ist, dass du ihn bis ins hohe Alter betreiben kannst – und das vor allen Dingen, ohne dass es unfreiwillig komisch wirken könnte. Das Werfen lebt letztendlich weniger von roher, physischer Kraft oder Marathon-Kondition als vielmehr von Technik, Erfahrung, Präzision in der Bewegung, Feinmotorik, Nervenstärke und stetiger Übung. Diese Qualitäten kann auch ein Mittsiebziger mitunter eindrucksvoll demonstrieren. Doch sobald du dein Training ein wenig intensivieren und dich vielleicht auch in absehbarer Zeit einmal ins Langdistanzwerfen (Regeln weiter hinten im Kapitel »Sportliche Wettbewerbe«) einarbeiten magst, so kann es auf keinen Fall schaden, dein Training um ein paar Punkte zu ergänzen.

Um deine Form auch auf diesem Level über einen längeren Zeitraum aufrecht zu halten, empfehle ich dir ein knackig-kurzes, aber dafür auch stur-regelmäßiges Zusatztraining, in erster Linie für den Kraftaufbau von Oberkörper und Armen. Mehr als rund 15 Minuten am Stück muss das noch nicht mal dauern, und es reichen drei Einheiten pro Woche aus. Idealerweise trainierst du diese Kombination immer alle 48 Stunden, weil in der Ruhephase deine Muskeln diese Zeit nutzen, um sich den neuen Bedingungen anzupassen und mit Wachstum reagieren. In der Sportwissenschaft spricht man dabei von »Überkompensation«. Das heißt, deine Muskeln versuchen, immer eine Spur besser zu sein als es die nächste Belastung voraussichtlich erfordern wird. Ich persönlich vertrete zudem die Meinung, dass diese Gesetzmäßigkeit auch für den Geist gilt, der sich auf ähnliche Weise trainieren lässt. Gönne deinem Körper diese Ruhe dann auch!

Als positiver Nebeneffekt verhindert dieses Kraft-Ergänzungstraining weiterhin eine einseitige Ausprägung deiner Muskulatur, wodurch auf längere Sicht eine deiner beiden Körperhälften zu leiden hätte. Du wirfst ja letzten Endes stets nur mit einer Seite deines Körpers. Man kennt dieses Phänomen mitunter bei manchen Tennisspielern, die ihr Ausgleichstraining schleifen lassen: Links ein blutarmer Trommelstock und rechts ein Unterarm wie der von Sylvester Stallone!

Ein perfektes Kräftigungstraining ist immer so aufgebaut, dass deine Muskeln lokal bis zur Erschöpfungsgrenze austrainiert werden. Das kann überaus flott gehen, wenn man die Einzelmuskeln vernünftig isoliert trainiert. Sportliches Werfen ist vorrangig ein Oberkörper-Sport, daher solltest du vor allen Dingen Rücken, Brust, Schultern, Bauch und

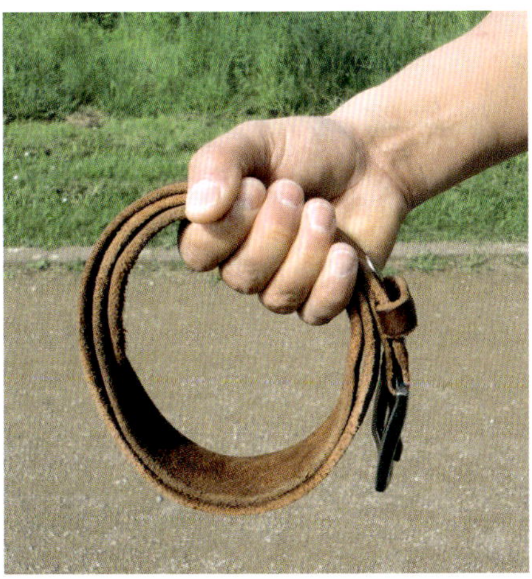

Als Trainingsgerät eignet sich für die Workout-Übungen am besten ein einfacher, aber stabiler Ledergürtel.

Arme trainieren. Macht insgesamt vier Übungen, genau genommen sogar nur drei, denn ein Bizeps-Trizeps-Training kann man zusammenfassend in einer einzigen Übung trainieren, wie du gleich sehen kannst.

Als einziges Trainingsgerät benötigst du dich selbst, also dein Körpergewicht oder deine andere Körperhälfte als Gegenspieler, wahlweise ein Handtuch, einen Hosengürtel und eine Armbanduhr mit Sekundenzeiger oder Stoppuhr-Funktion. Somit ist dein Training vollkommen kostenlos, und du sparst dir auf diese Weise die Beiträge fürs Fitness-Studio.

Von jeder Einzelübung machen wir immer drei bis vier Durchgänge (oder »Sätze«) und dazwischen rund 30 Sekunden Pause. Wenn die Anzahl der machbaren Wiederholungen im zweiten und dritten Satz dann so allmählich abnimmt, ist das kein Grund zur Verzweiflung, sondern ein Indiz für ein korrektes Training, denn der Muskel soll ja ermüdet werden. Hab' auch keine Angst vor Muskelkater, denn dieser ist ein Indiz für ein erfolgreiches Workout. Mit »MuKa« beginnt immer auch Wachstum! Ein »Aufwärmen« vorher ist im Übrigen nicht notwendig, denn durch das Training selbst geschieht bereits das Aufwärmen.

Workout 1

Wir beginnen mit Brust-Trizeps-Rücken. Der klassische Liegestütz ist hier noch immer am einfachsten und besten. Wichtig dabei: Die Handflächen werden schulterbreit gesetzt und zeigen leicht nach innen, der Rücken darf nicht durchhängen, und gedrückt wird aus Brust und Trizeps. Der Rücken wie auch deine Bauch- und Gesäßmuskeln haben eine zusätzliche Haltearbeit zu leisten – stelle dir dabei am besten vor, du müsstest mit deinem Hintern eine Münze festhalten – und beide Muskelpartien werden auf diese Weise passiv mittrainiert.

Drei- oder viermal 15 Wiederholungen, dazwischen jeweils 30 Sekunden Pause, und du weißt für den Anfang, was du getan hast. Sollte es direkt zu Beginn noch nicht sauber klappen, so mache zunächst die entschärfte Version mit aufgelegten Knien auf einem Handtuch. Es sieht dir ja niemand zu, daher brauchst du auch nichts zu demonstrieren. Es geht lediglich um die saubere, effektive Ausführung. Umgekehrt bist du irgendwann aber soweit, dass dir normale Push-Ups am Boden nur noch bedingt den Schweiß auf die Stirn treiben. Wenn du rund 50 saubere Wiederholungen am Stück schaffst, dann versuche mal tiefe, langsame Liegestützen zwischen zwei Stühlen. Deine Brust wird wie Feuer brennen, das ist ein absoluter Wachstums-Turbo!

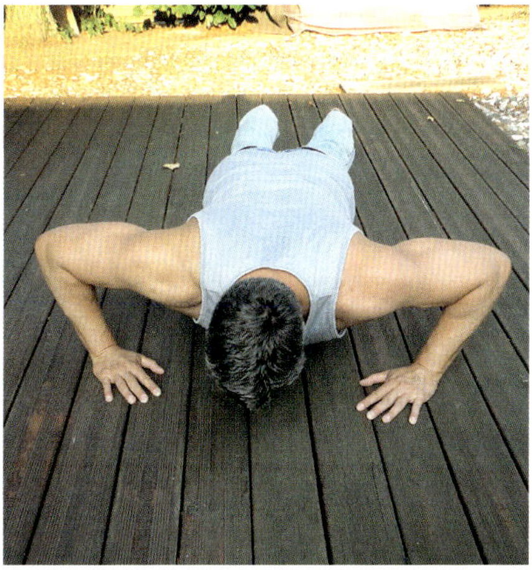

Workout 1:
Liegestützen sind immer noch die beste Methode zur Kräftigung der Brustmuskulatur. Man erkennt hier gut, wie die Hände etwa schulterbreit aufgesetzt sind und dabei nach innen zeigen.

Workout 2

Beim isokinetischen Oberarmtraining trainieren wir Bizeps und Trizeps gleichzeitig. Der Trizeps bekommt jetzt zum zweiten Mal etwas zu tun. Das ist auch gut so, denn er muss beim Werfen die Hauptarbeit leisten. Ein Grund mehr, sich besonders fürsorglich um ihn zu kümmern. Der Bizeps hingegen hat beim Wurf die wichtige Aufgabe des Abstoppens der Wurfbewegung und verhindert dadurch, dass wir die Kreisbewegung des Arms in die Ellbogengelenke schlagen.

Nimm den Hosengürtel in die Hand und baue eine Spannung zwischen deinen Armen von etwa 70 Prozent deiner Maximalkraft auf, so wie du es auf dem Bild erkennen kannst (das will ein wenig ausprobiert und erfühlt werden). Dann ziehe beide Arme als »Krafteinheit« mitsamt der permanent beibehaltenen Spannung langsam zehnmal von oben nach unten, dabei ruhig und stetig atmen. Versuche dabei nach Möglichkeit, diese Übung 30 Sekunden am Stück durchzuhalten, dann folgen 30 Sekunden Pause.

Die Bewegung fällt übrigens leichter, wenn du sie in einem angedeuteten Reiterstand durchführst. Zudem haben dann auch noch deine Beine ein wenig zu tun. Nach drei Satz-Wiederholungen die Körperseite wechseln. Der Zeitaufwand beträgt insgesamt rund sechs Minuten, nicht mehr!

Workout 2:
Diese Übung dient dem Training von Bizeps und Trizeps. Die Arme werden mit einer Kraft-Anspannung von etwa 70 Prozent gut 30 Sekunden lang von oben nach unten bewegt.

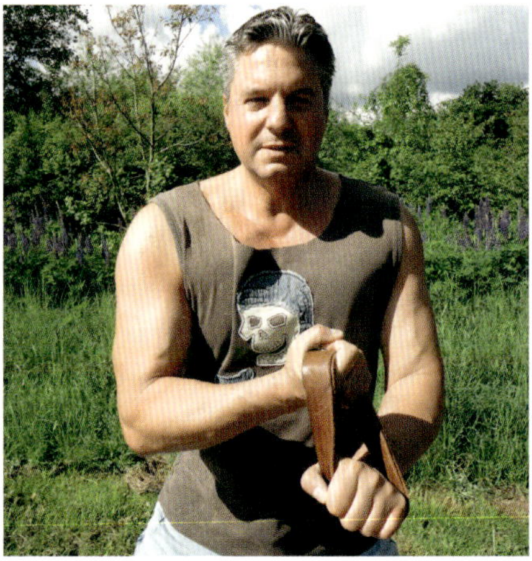

Workout 3

Isokinetisches Rücken- und Schultertraining: Nimm wieder deinen Gürtel und fasse ihn nun mit einer permanenten Spannungseinheit nach außen, mit wieder rund 70 Prozent deines möglichen maximalen Leistungsspektrums. Jetzt führst du diese Krafteinheit unter beibehaltener Spannung langsam vom Hosenbund-Level bis hoch über deinen Kopf. Auch das nach dem bewährtem Rezept von 30 Sekunden Arbeit und der gleichen Pausenlänge. Fertig nach drei Minuten!

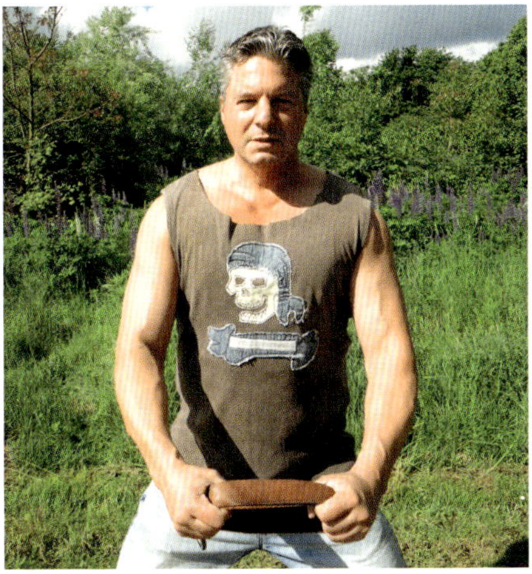

Workout 3:
Beim isokinetischen Rücken- und Schultertraining wird der Gürtel mit etwa 70 Prozent der maximalen Kraft-Anspannung in den Armen aus dem Hüftniveau bis über den Kopf hochgehoben und wieder abgesenkt.

Workout 4

Dieses isokinetische Brusttraining ist etwas für ganz Hartgesottene, kann wahlweise aber auch an die erste Stelle gesetzt werden, um deine Brust vorzuwärmen: Wir nehmen wieder den Gürtel und fassen ihn dieses Mal überkreuzt. Dann wieder eine entgegengesetzte Krafteinheit mit permanentem Druck nach innen aufbauen und ähnlich wie bei Workout 3 in

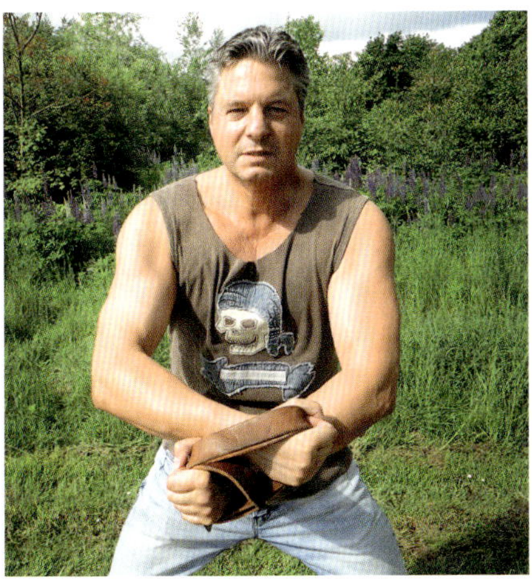

Workout 4:
Das isokinetische Brustmuskeltraining ähnelt der Übung aus Workout 2, beinhaltet jedoch eine andere Haltung des Gürtels.

der Rückenübung langsam über 30 Sekunden zehn Mal zwischen Hosenbund und Gesichtshöhe auf- und abführen.

Selbst wenn du alle vier Übungen nacheinander ohne nennenswerte Trödelpausen ausführst, so hast du gerade mal eine Viertelstunde trainiert. Das isokinetische Training hat zwei große Vorteile: Es ist erstens extrem zeitsparend und damit effizient. Zweitens aber ist es hochgradig effektiv in Hinblick auf den Muskelaufbau, denn im Gegensatz zum Training mit freien Gewichten ist bei dieser Trainingsform der Trainingswiderstand immer konstant gleich hoch, egal in welchem Winkel dein Muskel momentan arbeitet. Eine Hantel oder ein anderweitiges freies Gewicht hingegen hat im direkten Vergleich nur einen recht kurz bemessenen Wirkungsgrad.

Bitte denke daran, dass der Aufbau und das Training deiner Muskulatur nicht an die Örtlichkeit eines Studios gebunden ist, denn deinen Muskeln ist es herzlich egal, wo sie trainiert werden. Wichtig ist einzig und allein ein ausreichender Trainingswiderstand in vernünftiger Intensität und Länge, danach auch ausreichend Pause zur Regeneration. Und vor allen Dingen eben die rein sture Regelmäßigkeit, denn alles braucht seine Zeit. Ich verspreche dir jedoch ausdrücklich hiermit enorme Kraftzuwächse, wenn du dieses Training dreimal die Woche machst. Warte nur mal ein halbes oder auch ein ganzes Jahr ab, und du wirst dich gewaltig wundern! Und freuen!

Und wenn dich in ein paar Monaten mal jemand fragt, ob du seit neuestem ins Fitness-Studio gehst, weil du »irgendwie besser aussiehst«, dann denke bitte an meine Worte und grinse zufrieden vor dich hin. Du hast es dir verdient, und ich sage es auch keinem weiter!

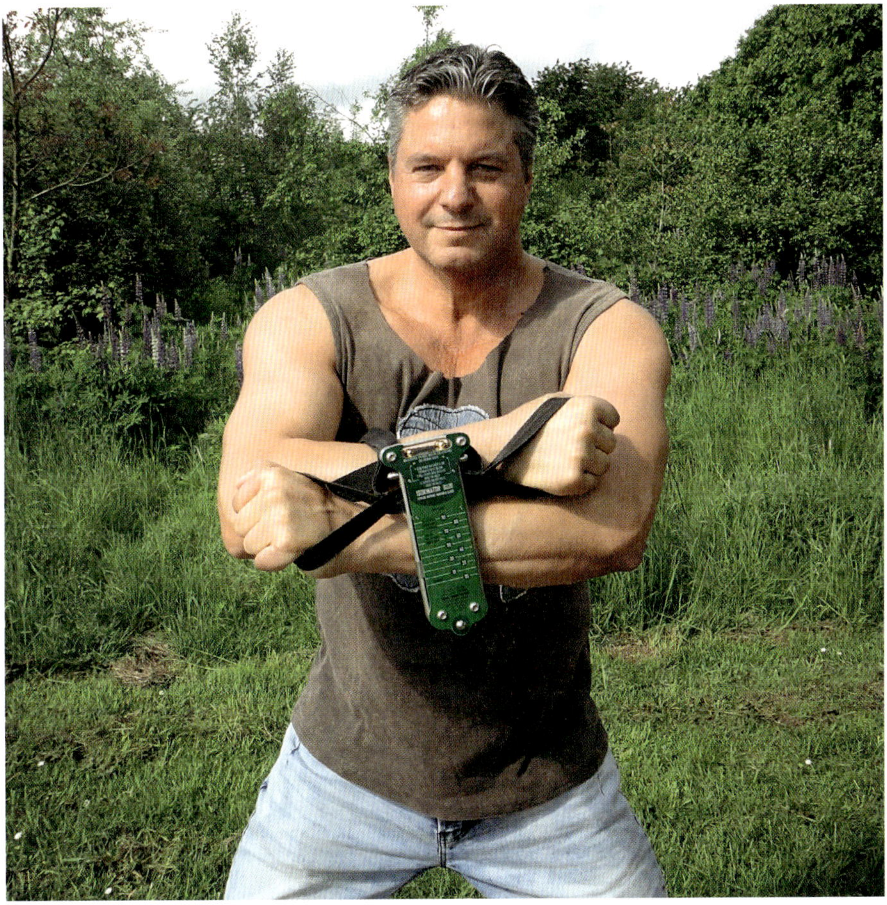

Mit einem Isokinator lässt sich während der vier Workout-Übungen sehr gut die beim Training aufgewendete Kraft messen. Man hält ihn dabei genau wie den Ledergürtel.

24

Sportliche Wettbewerbe, Werfertreffen, Meisterschaften und Regeln

Die Rahmenbedingungen

Du hast dich irgendwann vielleicht über einen Zeitraum von einem knappen Jahr mit dem Wurfsport beschäftigt. Du hast dein perfekt auf dich zugeschnittenes Wurfgerät gefunden und fleißig mit viel Spaß, Freude und Hingabe trainiert. Du fühlst dich inzwischen recht sicher im Umgang mit deinen Wurfgeschossen und hast dich gut aufgebaut sowie vorbereitet. Eines Morgens wirst du dann möglicherweise mit dem Gedanken aufwachen, dass es jetzt an der Zeit wäre, sich einmal im freundschaftlich-sportlichen Wettkampf mit anderen Werfern zu messen, um im direkten Vergleich zu erfahren, wo du stehst.

Gegenwärtig ist es noch immer ziemlich einfach, sich sogar direkt für einen bedeutenden, großen internationalen Wettbewerb (Europa- und Weltmeisterschaften) anzumelden und einzuschreiben. Über die Website Messerwerfen.de, Unterseite »Messerwerfer unter sich«, findest du stets die aktuellen Ausschreibungen für kommende Wettkämpfe mitsamt einem Online-Anmeldeformular. Die Startgebühren halten sich in übersichtlichen Grenzen und liegen derzeit in der Regel zwischen 50 und 80 Euro.

Die Anreise zu den Austragungsorten ist jedermanns Privatsache. Ich persönlich fahre zu den meisten Contests mit meinem privaten Pkw, hole auf dem Weg aber oft noch Freunde an deren Wohnort oder vom nächstgelegenen Flughafen ab und campe dann vor Ort, möglichst nahe am oder sogar auf dem Wettkampfgelände. Viele miteinander befreundete Werfer teilen sich mitunter ein Hotelzimmer vor Ort oder bauen auf den Camping-Arealen »Zeltburgen«, in denen abends nach dem Wettkampf noch bis spät ein munteres Treiben herrschen kann. All das ist eine Sache der vorherigen Absprache und ebenfalls reine Privatangelegenheit, denn großzügige Sponsoren oder große Vereine, die die Reisekosten tragen, gibt es bei uns nicht.

Weltweit kommen (Stand Mai 2017) immer rund 140 bis 170 Werfer zusammen, wenn wir unsere großen internationalen Contests und seit dem Jahre 2014 die offiziell ausgeschriebenen Weltmeisterschaften der Messerwerfer austragen. Mitmachen kann, wie gesagt, zurzeit noch jeder, ausgesiebt wird allerdings dann rigoros in unseren Qualifikationswettkämpfen. Nur noch die besten 20 Prozent der jeweils angetretenen Werfer qualifizieren sich am Ende für den Finalwettbewerb, der aus einem anspruchsvollen Wurfmarathon von insgesamt 60 Würfen aus unterschiedlichsten Distanzen besteht.

Diese ausgemachte Ochsentour erfolgt jeweils mit Äxten und Messern gesondert und verlangt den Werferinnen und Werfern eine Menge an Kraft, Übung, vorherigem Trainingsfleiß, Erfahrung und Können ab. Eine eigene Frauenwertung gibt es seit dem Jahr 2008, da deren Zahl mit der Zeit stetig angewachsen ist.

Die Wettbewerbs-Situation

Um dich auf große internationale Wettbewerbe strategisch besser vorzubereiten, empfehle ich dir zum Hereinschnuppern die vorherige Teilnahme an kleineren nationalen Freundschaftswettkämpfen und auch internationalen Contests und Treffen, die immer mal wieder landesweit abgehalten werden. Dort kannst du ein wenig Wettkampfluft atmen und auch ein paar Könner unserer Zunft kennenlernen.

Eines wirst du im Zuge des Geschehens sofort feststellen: Es ist ein himmelweiter Unterschied, ob du allein in deinem Garten fehlerfrei ein »Bullseye« nach dem anderen wirfst und dich an deinem erreichten Niveau erfreust, oder ob bei einem Wettkampf zahllose Augen auf dich gerichtet sind. Nicht zu vergessen der Wertungsrichter mit Klemmbrett und deinem Wertungszettel in der Hand neben dir, der dich kritisch mustert und dann fragt: »Ready?« Jetzt kommt es drauf an. Genau hier und jetzt, wo du deine erste Wettkampfserie von 21 Würfen werfen willst und dir bewusst wird, dass möglicherweise zahlreiche Zuschauer anwesend sind.

Man kann das sportliche Werfen unter Wettkampfbedingungen ziemlich gut mit dem Elfmeterschießen in einem entscheidenden Fußballspiel vergleichen: Natürlich hat ein Profi-Kicker den Strafstoß im Training tausende Male in verschiedenen Varianten geübt und verinnerlicht. Er beherrscht ihn nahezu im Tiefschlaf, doch unter (gefühltem) Druck und angesichts des Stressfaktors kommt es nicht selten in solch entscheidenden Spielsituationen zu Fehlschüssen. Auch bei den absoluten Top-Profis!

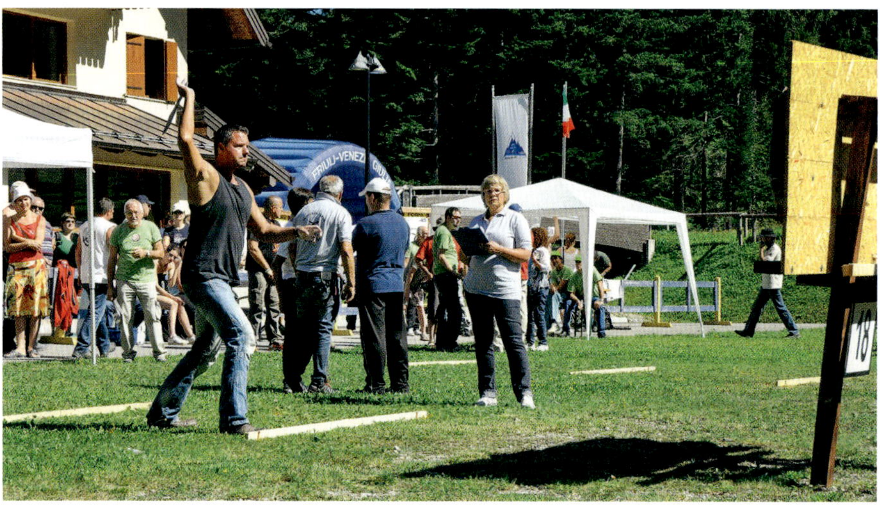

Die Wettbewerbs-Situation ist immer auch entscheidend für die Performance.

Stressbewältigung

Zum Thema »Choking Under Pressure«, also dem sportlichen »Ausfall« unter Stressbedingungen vor dem Hintergrund einer mentalen Schwäche, kommen von meiner Seite noch ein paar kurze Tipps, die dir bei Bedarf weiterhelfen können – auch in anderen Sportarten oder vergleichbaren Lebens- und Prüfungssituationen. Das klappt auch nachweislich, zumindest bei mir hat es nachhaltig funktioniert.

Wichtig fürs erste Mal: Du wirst unwillkürlich einen beschleunigten Herzschlag spüren, teilweise bis zum Hals. Also versuche dich zu entspannen, indem du vor dem ersten Werfen dreimal tief ein- und wieder bewusst ausatmest. Vergegenwärtige dir gleichermaßen, dass du neu in dem Sport bist. Damit stehst du nicht allzu sehr unter Beobachtung wie die langjährigen Favoriten, also geh' die Sache locker an, denn es geht zunächst mal nur um den guten Eindruck. Abgerechnet wird ohnehin immer erst zum Schluss, und gerade in unserem Sport sind die Endergebnisse dann oft eine Riesenüberraschung.

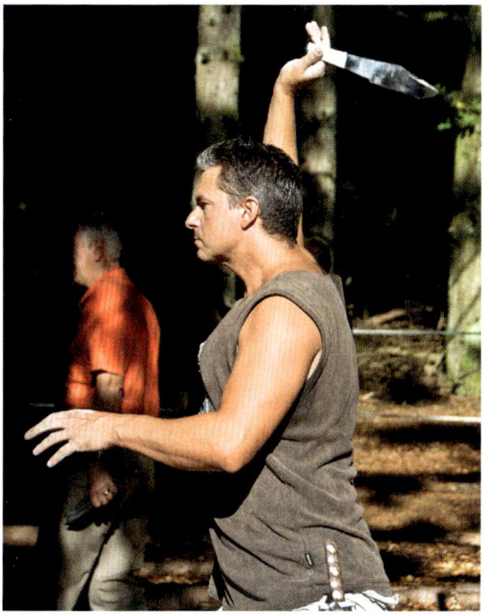

Volle Konzentration während des Wettbewerbs.

Weiterhin solltest du dich vor allen Dingen immer wieder daran erinneren, dass du hier bist, weil dir das Werfen einfach nur einen Riesenspaß macht – ob nun zu Hause oder hier vor Ort. Nachdem die erste Dreier-Serie geworfen ist, wirst du immer lockerer und damit besser werden.

Mach auch vor dem letzten Wurf deiner jeweiligen Dreier-Serie stets einmal eine kurze Atempause, denn erfahrungsgemäß geht gerade dieser letzte Versuch gerne daneben, weil man als Werfer mental »loszulassen« beginnt und somit ein wenig unkonzentriert wird.

Es kann nebenbei auch hilfreich sein, gerade zu Beginn deiner Wettkampfkarriere, deinen »Fanclub« – sprich Freund/Freundin, Eltern und sonstigen Anhang – erst mal zu Hause zu lassen, denn du setzt dich einem zusätzlichen inneren Druck aus, wenn du das Gefühl hast, nun ganz besonders gut »abliefern« zu müssen. Zweitens kannst du dich ohne deine Anhänger besser auf dich selbst konzentrieren. Doch das sei dir allein überlassen, denn mancher Sportler wird erst zu Höchstleistungen beflügelt, wenn er weiß, dass seine holde Maid zusieht.

Disziplinen und Regeln

Unsere Hauptdisziplinen im sportlichen Messer- und Axtwerfen sind Präzisions-Wurfwettbewerbe aus verschiedenen Wurfdistanzen. Mittlerweile sind diese Präzisionswettkämpfe bei den großen internationalen Wettbewerben gleichzeitig die Qualifikationsdisziplinen zur Teilnahme an den Finalkämpfen. Mit einem ausgeklügelt errechneten Durchschnittskoeffizienten (Würfe aus einer weiter entfernten Distanz haben dabei eine höhere Wertigkeit als aus einer nahen Entfernung), der sich aus der Gesamtpunktzahl aller geworfenen Distanzen ergibt, werden am Ende nur noch die besten 20 Prozent für das Finale zugelassen. Damit ist gewährleistet, dass nur die besten und konstantesten Top-Sportler um die Krone kämpfen, denn ein »Lucky Punch« in nur einer Disziplin hilft jetzt nur bedingt weiter. Das macht die Finalwettbewerbe für den Zuschauer zusätzlich attraktiv, denn das Publikum bekommt in den Finals nur noch ausgewiesene Qualität zu sehen.

Neben diesen Hauptdisziplinen gibt es weiterhin die spannenden Duell-Wettbewerbe, in denen jeweils zwei vorher ausgeloste Wettkämpfer in einem K.O.-System gegeneinander antreten müssen. Wer das Messer am schnellsten aus dem Holster zieht und aus der Mindestentfernung von drei Metern in das vorgesehene Feld auf der Zielscheibe trifft, kommt eine Runde weiter, der Besiegte scheidet direkt aus. Das Duellwerfen ist erfahrungsgemäß bei den Zuschauern sehr beliebt, nimmt aber aufgrund der hohen Zahl der Wettkämpfer mitunter recht viel Zeit in Anspruch.

Inzwischen werden die Treffer sogar elektronisch mit einem speziell dafür entwickelten Messgerät bis auf die Hundertstelsekunde exakt ermittelt – mein Werferfreund und Profi-Tüftler Walter Steinbeck aus

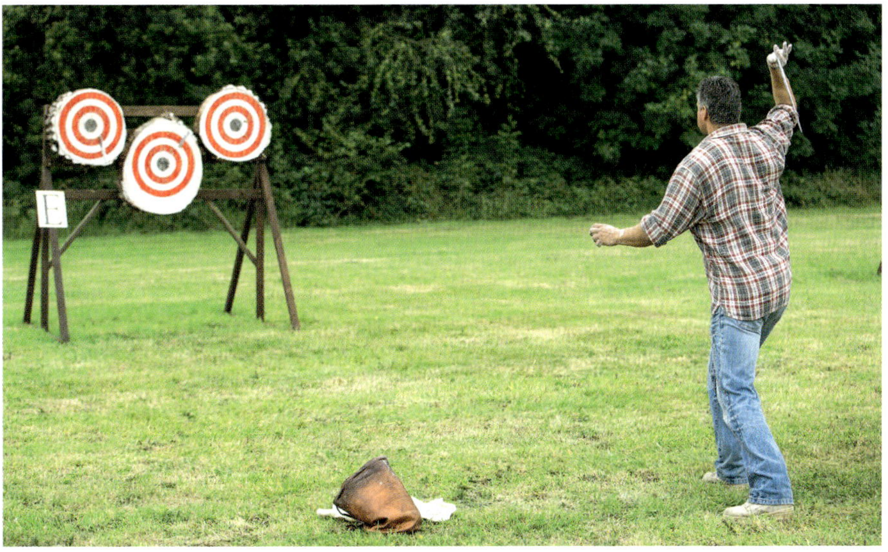

Während des Wettbewerbs ist es manchmal sinnvoll, eine kurze Trainingseinheit einzulegen. Hier das Werfen aus der Sieben-Meter-Distanz.

Regensburg hat dieses Gerät erfunden und konstruiert. Das war auch in der Tat dringend nötig, denn Top-Duellwerfer ziehen, zielen, werfen und treffen zum Teil innerhalb einer Zeitspanne von nur 0,8 Sekunden. Duellieren sich zwei solche Spitzensportler, ist das Auge eines Schiedsrichters schnell überfordert.

Für die Freunde des instinktiven Werfens gibt es seit dem Jahr 2014 ebenfalls eine Möglichkeit des Kräftemessens zwischen den Aktiven. No-Spin- sowie Half-Spin-Werfer werden auf einen anspruchsvollen Parcours geschickt, der ihnen Würfe von drei Metern bis schrittweise hin zu sieben Metern abverlangt. Kein Job für Anfänger, sondern allein austrainierten Spezialisten vorbehalten. Auch sei erwähnt, dass diese Disziplin bislang nicht regelmäßig bei jeder Messerwerfer-WM ausgetragen worden ist, sondern darüber vielmehr der jeweilige Veranstalter vor Ort entschieden hat. So fand beispielsweise im Jahre 2015 bei der Weltmeisterschaft in Großbritannien dieser spezielle Wettkampf nicht statt.

Das instinktive Werfen ist vor allem bei den russischen, polnischen und tschechischen Werfern sehr beliebt, in deren Herkunftsländern bis heute die meisten No-Spin- und Half-Spin-Experten ihrer Leidenschaft nachgehen. Inzwischen findet es aber selbst bei den US-amerikanischen Wettkämpfen seine gebührende Nische und wird dort regelmäßig in die Contests eingebaut.

Zu guter Letzt ist auch das Distanzwerfen eine elementare und für den Zuschauer sehr attraktive Wettkampfdisziplin. Hier hat der Werfer die Aufgabe, bei drei Versuchen einen gültigen Treffer in das großflächige Trefferfeld der Wurfscheibe zu setzen. Gelingt ihm das, so kann er ein Distanz-Feld weiter zurückgehen und seine Versuche wiederholen und so weiter und so fort. Am Ende liegen die geworfenen Distanzen mit dem Messer bei knapp unter 20 Metern, mit der Wurfaxt geht es sogar noch weiter: Der zum Zeitpunkt der Fertigstellung dieses Buchs gültige Weltrekord des Tschechen Stanyslav Havel liegt bei 27,3 Metern und ist als Videoaufnahme bei Youtube zu bewundern.

Regeln beim Messer- und Axtwerfen

Es sind nur Messer mit einer Mindestlänge von 23 Zentimetern zugelassen. Sonderbauten mit Mehrfachspitzen an Griff oder Parierstange zum »Immer-Steckenbleiben« sind selbstverständlich nicht erlaubt. Ein Wurfmesser darf nur eine Spitze haben und muss nach dem Wurf mit eben dieser Spitze in der Scheibe stecken. Aerodynamische Wurfwaffen (»Dart«-Messer) oder Hilfen (wie Federn, Bänder oder Fäden) sind selbstredend nicht gestattet. Gleichzeitig darf die Klinge an der weitesten Stelle ein Breitenmaß von sechs Zentimetern nicht überschreiten. Bei Äxten ist eine maximale Klingenbreite von zwölf Zentimetern erlaubt.

Der höchste angeritzte Ring gilt als Wertungstreffer. Ist eine Entscheidung diesbezüglich einmal strittig, hat stets der Schiedsrichter das letzte Wort. Er hat übrigens immer Recht, egal worum es geht. Das heißt: Diskussionen kannst du dir im Grunde sparen. Gibt es jedoch einmal berechtigte Zweifel hinsichtlich einer Trefferwertung, so hast du das Recht, den Hauptwertungsrichter mit hinzuzuziehen. Dessen Urteil ist dann allerdings auch das ultimative, eiserne Gesetz.

Die Hauptdisziplin sind Wurfserien aus 21 Würfen pro Distanz (mit dem Messer drei, fünf und sieben Meter, mit der Axt vier, fünf und sieben Meter). Geworfen mit jeweils drei Messern oder Äxten auf drei nebeneinander angebrachte Wurfziele. Diese Ziele sind so beschaffen, dass sich das mittige Bullseye in einer Höhe zwischen 130 und 160 Zentimetern befindet. Nach Adam Riese liegen jetzt also sieben Durchgänge mit jeweils drei Würfen vor dir. Das hat sich nach vielen Jahren des Ausprobierens als die praktikabelste Art des sportlichen Werfens herauskristallisiert.

Noch vor zehn Jahren gab es ausschließlich Einzelwürfe auf nur ein Ziel, die Werfer standen (zu) dicht nebeneinander, und die Würfe mussten aus Sicherheitsgründen auf Kommando des Schiedsrichters gleichzeitig durchgeführt werden (»Fertigmachen zum Werfen!« – »Frei!« – »Holen!«). Doch Einzelwürfe sind inzwischen angesichts der stark angewachsenen Teilnehmerzahlen zu zeitraubend. Eine Dreier-serie ist nachweislich schneller abgeworfen, und was auf der acht Meter entfernten Nebenbahn passiert, braucht den Wettkämpfer während des Durchgangs nicht länger zu kümmern, so dass er sich auf sich selbst konzentrieren kann. Dass auf drei verschiedene Ziele geworfen wird, hat darüber hinaus einfach den praktischen Grund, dass es auf diese Weise nicht zu Kollisionen zwischen den Wurfwaffen kommen kann. Das war auch nicht immer so und führte in früheren Zeiten gerne zu Frustrationen beim Werfer, wenn er zwar einen tollen Treffer aufs Bullseye warf, dort aber leider bereits eines seiner Messer oder Äxte steckte und es somit zu einer Kollision kam.

Seit 2016 ist es übrigens Pflicht, drei Messer oder Äxte des gleichen Modells zu werfen. Bestücke dich am besten sofort, also auch zum Training zu Hause, mit mindestens einem Dreierset des gleichen Modells, denn auf diese Weise bist du auch in der Wettkampfphase einfach besser »im Fluss«und natürlich auch zügiger fertig.

Weiterhin halte ich es nicht für sinnvoll, jeweils unterschiedliche Messer oder Äxte für die verschiedenen Distanzen zu verwenden (zum Beispiel ein Spezialmesser für die Kurzdistanz, ein anderes Modell für die Sieben-Meter-Entfernung), denn sobald du dich am Ende tatsächlich für das Finale qualifiziert haben solltest, musst du spätestens jetzt zwingend mit nur einem einzigen Modell für sämtliche Entfernungen zurechtkommen. Ein Auswechseln der Messer- oder Axttypen während des Wettkampfs ist nämlich nicht gestattet, nur im Ausnahmefall, zum Beispiel, wenn ein Axtstiel bricht.

Zurück zum Wurfziel: Das Wurfziel im sportlichen Wettbewerb besteht aus Ringscheiben aus Weichholz. Das Bullseye hat einen Durchmesser von zehn Zentimetern. Das klingt vielleicht groß, doch aus deiner Trainingserfahrung weißt du inzwischen sicherlich recht gut, wie klein dieser schwarze Punkt erst einmal aussehen kann, wenn man in der vorgeschriebenen Distanz zum Ziel steht.

Ein Treffer ins Bullseye bringt dir fünf Punkte. Die nächstniedrigeren Ringe haben dann eine Breite von immer fünf Zentimeter, so dass die Trefferfläche auf der Scheibe genau 50 Zentimeter im Durchmesser

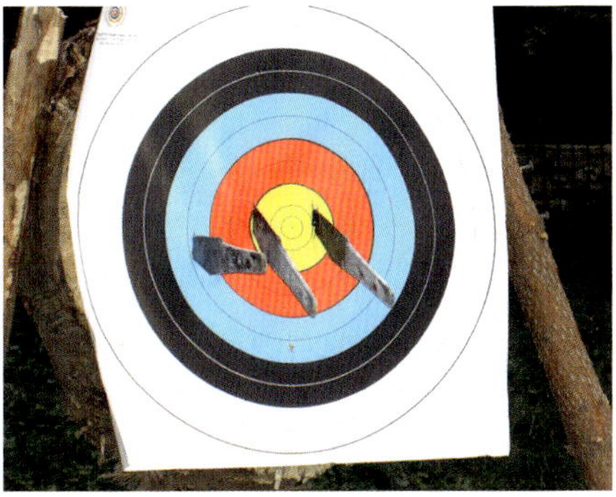

Zielscheibe mit farblich unterschiedenen Ringen für die Wurf-Bewertung. In diesem Fall sind 13 Punkte geworfen worden – zweimal Bullseye (gelb) mit je fünf Punkten und einmal drei Punkte (blau).

beträgt. Die Wertungen liegen dann immer einen Punkt niedriger, also vier, drei, zwei und einen Punkt. Als Treffer gilt immer der höchste angeritzte Ring, selbst wenn er nur haarscharf angeschnitten worden ist. Im Zweifelsfall wird erfahrungsgemäß stets zugunsten des Werfers gewertet, wenn es mal knapp sein sollte.

Rein rechnerisch kannst du mit deinen 21 Würfen auf die theoretische Höchstpunktzahl von 105 Punkten kommen, wenn du jedes Mal das Schwarze triffst. Ich darf verraten, dass wir insbesondere in den kurzen Distanzen mit dem Messer davon gegenwärtig nicht mehr weit entfernt sind: Inzwischen wurden bereits 102 Punkte mit dem Messer aus drei Metern geworfen. Mit der Axt hat Stanyslav Havel aus Tschechien in der Vier-Meter-Distanz im Jahr 2016 bereits die vollen 105 Punkte geschafft.

Weiterhin wichtig: Die Distanzmarkierung auf dem Boden darf selbstverständlich nicht übertreten werden (vergleichbar mit dem Weitsprung in der Leichtathletik). Der Wettkämpfer darf die Marke nach neuestem Stand des Regelwerks und bei strenger Auslegung noch nicht einmal mit der Schuhspitze berühren! Das kann entscheidend sein, wenn du zu den ausgreifenden »Schwungholern« zählen solltest, die auch gerne beim Werfen den Oberkörper stark nach vorne neigen und womöglich dabei das hintere Bein anheben.

Hier heißt es dann sehr vorsichtig sein, denn sobald unmittelbar an die Markierung heran oder gar einen Millimeter darüber getippelt wird, so hat der Schiedsrichter das Recht, den Wurf mit null Punkten zu bewerten, und wenn das Messer auch noch so schön mitten im »Bullseye« steckt.

Im Gegenzug darfst du dich jedoch bis zu 200 Zentimeter hinter die Ziellinie zurückstellen, wenn deine Wurftechnik das erfordern sollte. Das ist zwar eher unvorteilhaft, denn du verschenkst auf diesem Wege wertvolle Distanz (oder eher Nähe), doch regelwidrig ist es keinesfalls.

Die Diskussion im Nachgang wegen Übertretens kannst du dir schenken, denn sie führt zu nichts. Gehst du eventuell dem Schiedsrichter damit zu sehr auf die Nerven, hat er sogar das Recht, dich vom Platz zu stellen. Das habe ich in meiner über zehnjährigen Laufbahn jedoch noch nie in der Praxis des Wettkampfgeschehens erlebt.

Hast du deine Serie abgeworfen, so sprinte bitte nicht sofort danach hektisch nach vorne, um unverzüglich deine Treffer zu kontrollieren,

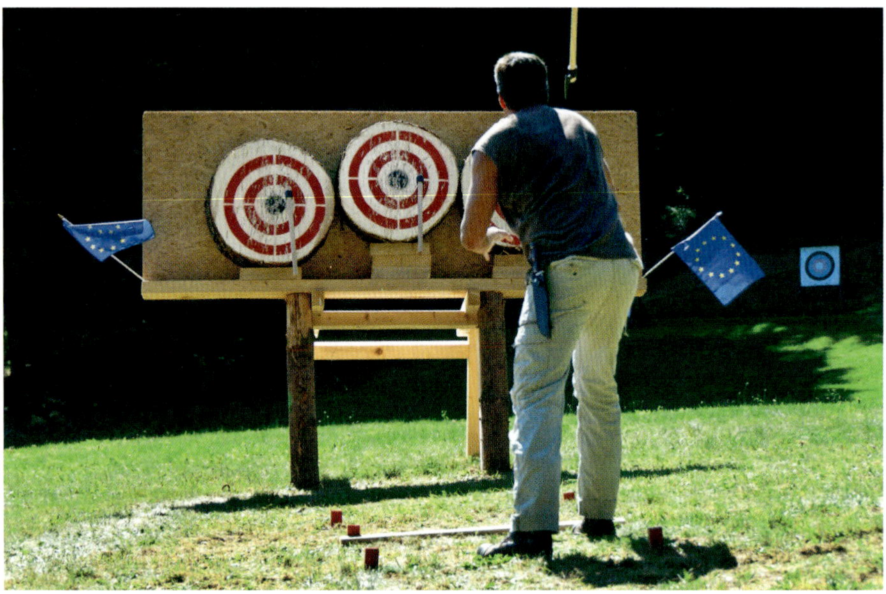

Vor allem den Abstandsbalken sollte man beim Wettbewerb immer im Auge behalten. Wie in der Leichtathletik bedeutet das Übertreten einen ungültigen Wurf.

denn bei kleinlicher Auslegung eines Schiedsrichters kann das auch noch als Übertreten des letzten Wurfs gewertet werden. Kugelstoßer oder Hammerwerfer müssen den Wurfring sogar unbedingt nach hinten verlassen, sobald sie fertig sind. Vorn raus bedeutet die rote Fahne: ungültig. Bleib daher lieber kurz ruhig an Ort und Stelle stehen – das vermittelt außerdem einen souveränen Eindruck – und geh dann gemeinsam mit dem Schiedsrichter nach vorne an die Scheiben, wenn dieser deine Treffer wertet und auf deinen Laufzettel schreibt.

Bevor es im Wettkampf ernst wird, hast du außerdem immer die Möglichkeit, vorher eine Probeserie von drei Würfen zu machen. Ich bin jetzt persönlich ja schon ziemlich lange im Geschäft und ein alter »Wettkampfhase«, aber auf diesen Probelauf möchte selbst ich nicht verzichten und nehme ihn stets gerne wahr. Er lockert dich, macht dich mit der Wettkampfbahn vertraut und gibt dir ein gutes Gefühl. Und wenn dir dabei ein Messer runterfallen sollte, so kannst du dir Mut zusprechen, denn es kommt ja noch nicht darauf an. Den »Schlechten« hast du eben jetzt gemacht, und ab sofort kommen nur noch »Gute«. Und läuft es direkt von Beginn an gut, dann bist du ohnehin auf dem richtigen Weg.

Zu guter Letzt: Lautes Fluchen bei Fehlwürfen gilt international als unfein und sollte unbedingt unterlassen werden. Im anglo-amerikanischen Raum ist insbesondere die Kraftausdrucksvariante mit dem »F-Word« ein Sakrileg, das für entsetzte Fremdschäm-Reaktionen bei Publikum und Schiedsrichtern sorgen kann. Verbeiße es dir also bitte. Die Gedanken sind zwar frei, sollten aber zumindest unhörbar bleiben!

Das große Finale

Solltest du es geschafft haben und dich mit deinem Endergebnis unter den besten 20 Prozent des gesamten Teilnehmerfeldes wiederfinden, dann sage ich dir »herzlichen Glückwunsch«, denn du bist nun unter den Besten der Besten. Dein ausdauerndes Training hat sich damit ausgezahlt. Und damit heißt das jetzt für dich: Finalwettkampf!

Dieser Contest ist wiederum ein Präzisionswettbewerb, jetzt in Form eines so genannten »Walk-Back«. Dieser Begriff bedeutet, du bewegst dich nach der ersten Dreier-Serie aus drei Metern (beziehungsweise vier Metern mit der Axt) immer mindestens einen Meter zurück und absolvierst wieder eine Dreier-Serie. Bis du am Ende bei der Sieben-Meter-Marke (zehn Meter mit der Axt!) angekommen bist. Anders als in den amerikanischen Contests ist dabei die Zahl der mit dem Messer benötigten Rotationen gleichgültig. Du könntest also theoretisch auch alle Distanzen mit No-Spin werfen.

Auch bei diesem Wettbewerb hast du die Möglichkeit, einmal die volle Distanz probeweise durchzuwerfen. Eine gute Chance des Warmwerfens

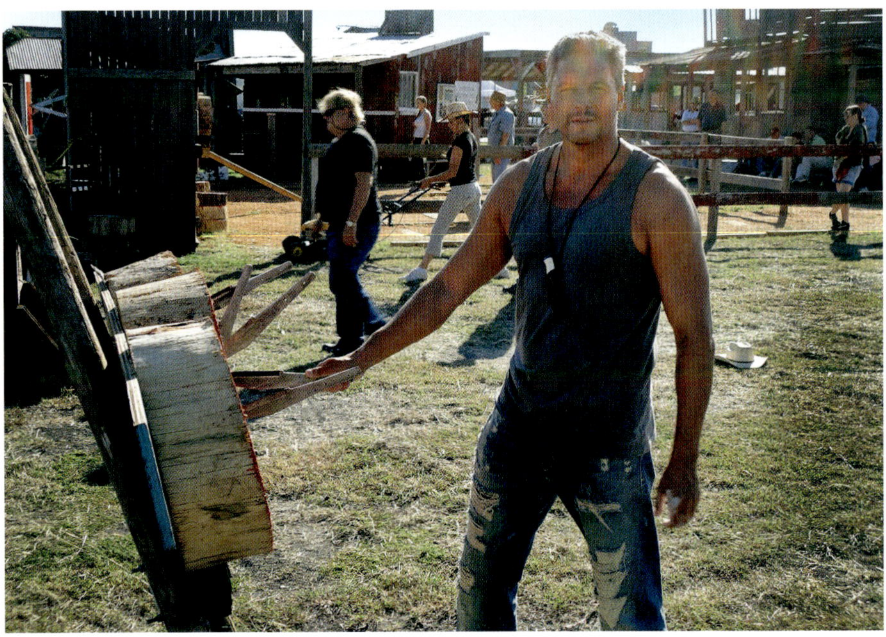

Warmwerfen vor dem Durchgang bei der WM 2010 in Austin/Texas. Bei den Amerikanern gibt es keine Qualifikationsrunden.

vor den gewerteten Wettkampfwürfen und damit eine Gelegenheit, die man immer nutzen sollte. Du wirfst also aus drei, vier, fünf, sechs und sieben Metern (respektive vier, fünf, sieben, acht und zehn Metern mit der Axt) je eine Dreier-Folge, und das am Ende viermal hintereinander. Das heißt zusammengerechnet 60 Würfe insgesamt. Damit kannst du maximal 300 Punkte erzielen.

Der Weltrekord mit dem Messer liegt derzeit bei 274 Zählern und wird gehalten vom US-Amerikaner Richard Wesson. Den Rekord mit der Axt hat mein deutscher Teamkollege Werner Lengmüller aus Regensburg mit immerhin 264 Zählern aufgestellt. Meine persönliche Wettkampf-Bestleistung mit dem Messer liegt aktuell bei 249 Punkten.

Dieses Marathonprogramm hat es absolut in sich und funktioniert auf gar keinen Fall ohne ausreichendes Training sowie eine langfristige, optimale Vorbereitung. Zum einen benötigst du ausreichend Kraftreserven, um über die volle Distanz zu kommen, ohne dabei an Feinfühligkeit und Zielgenauigkeit zu verlieren. Zum anderen solltest du selbstverständlich bereits in deiner Vorbereitungsphase exakt die jetzt vorgesehenen Entfernungen trainiert haben, damit du nicht plötzlich von den Anforderungen überrascht wirst.

So etwas kann zum Beispiel leicht geschehen, wenn du möglicherweise gar nicht mit einer Finalteilnahme rechnest. Aber lass' mich dir sagen, dass es manchmal nur eine gute Tagesform und einen entspannten Geist braucht, und schon bist du unter den Besten. Und eines ist beim Wurfsport eine unumstößliche Tatsache, so wie bei allen anderen Sportarten auch: Glück hilft manchmal, Training immer!

Also trainiere bereits an deinem Wurfstand immer mal wieder die »krummen« Entfernungen aus vier und sechs Metern (fünf und acht Meter mit der Axt). Grundsätzlich kannst du dabei logisch und linear vorgehen, indem du einfach nur mit einer halben Rotation pro Meter (beziehungsweise 1,5 Meter bei der Axt) deine Distanzen durchrechnest. Je nach eigenem Wurfstil kann es Abweichungen von rund 50 Zentimetern geben, aber das weißt du ja bereits. Eventuell brauchst du mit deinem Messer nur zwei Drehungen aus sechs Metern, aber diese Experimentierzeit ist ebenfalls Teil deines Vorbereitungstrainings. Sie will genutzt werden.

Weitere Disziplinen und Nebenschauplätze

Das waren unsere Hauptdisziplinen. Daneben denken sich die Veranstalter vor Ort gerne des öfteren weitere unterhaltsame und spannende »Nebenschauplätze« aus, um die Wettbewerbe für alle Beteiligten, also Werfer und Zuschauer, kurzweilig zu gestalten.

Etabliert hat sich inzwischen als feste Größe dabei unter anderem das »Speed Throwing«. Der Wettkämpfer bekommt dabei eine ganze Batterie baugleicher Wurfmesser zur Verfügung gestellt und gleichzeitig die Aufgabe, innerhalb von 20 Sekunden aus mindestens drei Metern Distanz so viele gültige Treffer wie möglich ins Zielholz zu pflanzen. Der derzeitige Rekord des Russen Sergej Fedosenko liegt bei beeindruckenden 28 Messern!

Und mittlerweile darf natürlich auch der »Klassiker« nicht fehlen: das Silhouettenwerfen. Es wird vornehmlich mit dem Messer, teilweise aber auch mit der Axt absolviert. Selbstverständlich wird hier nicht auf einen lebenden Menschen geworfen. Als Wurfziel dient ein lebensgroßes Bild – oder auch ein Foto. Das darf dann gerne Prinzessin Leia aus »Krieg der Sterne« sein, eine Silhouette von Königin Cleopatra oder sonst etwas in der Art.

Die Regeln sind dabei allerdings streng: Um das Silhouettenbild herum befinden sich Zehn-Zentimeter-Punkte angeordnet, 15 an der Zahl, die beginnend von links unten einmal um die Silhouette herum korrekt nacheinander aus einer Drei-Meter-Mindestentfernung abgeworfen werden müssen. Jeder Treffer wird mit fünf Punkten belohnt, doch Vorsicht ist geboten: Wird die Zielfigur dabei auch nur angeritzt, so führt das zu einem sofortigen Punktabzug! Uns Werfern macht diese Disziplin großen Spaß und wird mit viel Augenzwinkern betrieben. Sie dient im Wettkampfgeschehen eher ein wenig zur Entspannung und Auflockerung und wird grundsätzlich nicht so ernst genommen wie unsere Hauptdisziplinen.

Der Mountainman-Contest

Bereits vor zwei Jahrhunderten gab es Wettbewerbe im sportlichen Messerwerfen. In den amerikanischen Wäldern streiften Fallensteller, Jäger, Kundschafter und Trapper umher, die alle ein Messer und oft auch eine kleine Axt am Gürtel trugen. Hat man in der Wildnis ein Messer zur Hand, so kann man sich damit die meisten anderen Werkzeuge oder Behelfswaffen herstellen sowie eine Unterkunft bauen, Feuerholz aufbereiten, ein Lederhemd schneidern und sein Abendessen zubereiten.

Die Trapper und Fallensteller in den Waldlandgebieten übten sich damals bereits in der Geschicklichkeit des Messer- und Axtwerfens und schufen einen sportlichen Wettkampf, für den man nicht viele Utensilien brauchte. Schwarze, rote und weiße Farbe für eine Ringscheibe hatte man nicht dabei. Doch die meisten Westmänner besaßen Spielkarten. Daher entschloss man sich kurzerhand, einen ganz besonderen Präzisionswettbewerb auszutragen, indem man versuchte, so exakt wie nur möglich besagte Spielkarten mit gezielten Messer- und Axtwürfen aufzuspießen.

In dieser Urform des sportlichen Werfens wird der »Mountainman-Contest« auch heute noch abgehalten. Was ihn so attraktiv macht, sind ein paar kleine Besonderheiten: Dass es ein Wildwest-Wettbewerb ist, wird von Anfang an anhand des Outfits der Wettkämpfer mehr als deutlich, denn im Trainingsanzug oder in Shorts wird bei diesen Contests niemand auftauchen. Historische Western-Outfits oder landestypische Trachten werden hingegen gerne gesehen. Und schon beim vorbereitenden Trainingswerfen fühlt man sich wie auf einer Zeitreise in die Vergangenheit.

Weiterhin gibt es keine offiziellen Distanzmarker am Boden, denn die Würfe werden anhand der notwendigen Umdrehungen der Wurfwaffen bemessen. So sind bei den Messerdisziplinen im ersten Durchgang normalerweise Würfe mit einer Rotation gefordert, solche mit zwei Drehungen dann im darauf folgenden zweiten Lauf. »No-Spinner« gab es im Wilden Westen nicht, daher wird in den Mountainman-Contests ausschließlich »gedreht«.

Wo nun der genaue Punkt hinter dem Ziel ist, den du beispielsweise für eine Drehung deines Messers oder deiner Axt benötigst, diese Messung überlässt man sogar großzügigerweise dir. Doch das macht die Angelegenheit keinesfalls einfacher, denn ein Maßband darfst du selbstverständlich nicht dazu verwenden.

Ich rate dir nebenbei vom altbekannten »Schritte zählen« ab, wenn du kein Zentimetermaß zu Hand hast, denn deine Schrittlänge kann unbewusst variieren. Am zuverlässigsten hat sich das Abzählen von Fußlängen erwiesen. So kann ich persönlich stets sehr exakt 10,5 Längen mit meinen Stiefeln in Größe 43 abmessen und stehe dann nahezu zentimetergenau in drei Metern Distanz zum Ziel. 14 Fußlängen entsprechen vier Metern, weitere sieben Füße ergeben zusätzliche zwei Meter an Entfernung. Und da Fußlängen, direkt hintereinander gesetzt, keine nennenswerten Fehlerquellen mehr beinhalten, ist diese Art der Distanzmessung immer die sicherste.

Noch eine letzte kleine Spezialität dieser Wettkampfform: Deine Wurfmesser kannst du getrost in der Satteltasche lassen, Cowboy, denn sie sind nicht länger zugelassen. Das gleiche gilt für Ganzstahl-Äxte. Der klassische Mountainman-Wettkampf wird ausschließlich mit Gebrauchsmessern und Tomahawks mit Holzstiel ausgetragen. Natürlich hat auch hier jeder Teilnehmer seine speziell auf ihn zugeschnittene Wurfwaffe zur Hand, die eine erkennbare Schneide haben muss. Diese muss jedoch nicht »rattenscharf« geschliffen sein und darf einen Griff aus Holz, Horn, Leder oder auch Kunststoff (Micarta) besitzen. Flache Wurfmesserwicklungen aus Fallschirmleinen oder Tape sind dagegen tabu, nackte Stahlgriffe sowieso.

Auf der runden Zielscheibe werden nun mit Streichhölzern oder halbierten Zahnstochern die Spielkarten aufgespießt, die es dann zu treffen gilt. Die Wurfscheibe ist in vier Quadranten unterteilt, in denen jeweils eine Karte platziert wird. Die letzte Karte kommt in die Mitte. Wenn du diese Disziplin mal zu Hause üben möchtest, so nimm bitte bloß keine Nägel zum Anpinnen der Karten. Es ist beinahe ein Naturgesetz, dass man mit der Klingenspitze ausgerechnet die Nagelköpfe trifft. Was das im Resultat für dein Messer heißt, kannst du dir auch mit nur wenig Phantasie gut vorstellen.

Der Wettkämpfer hat nun die Aufgabe, die angehefteten Karten in einer exakt vorgegebenen Reihenfolge von seiner Position aus zu treffen, angefangen bei der Karte im linken oberen Quadranten, danach geht's im Uhrzeigersinn weiter: rechts oben, rechts unten, links unten. Zum Schluss ist die Karte in der Mitte an der Reihe, und dann werden die Punkte zusammengezählt: Triffst du eine Karte so mittig, dass der Rand nicht zerschnitten ist, so beschert dir ein solcher »Center Cut« drei Punkte. Triffst du die Karte außen oder berührst sie nur, dann bringt dir ein schlichter »Cut« zwei Punkte. Dabei werden bereits die kleinsten Deformierungen an der Karte zu deinen Gunsten gewertet, sofern du diese vielleicht nur ein wenig »geschubst« haben solltest. Triffst du einzig und allein den Quadranten, jedoch nicht die Karte, so bekommst du immerhin noch einen Punkt gutgeschrieben.

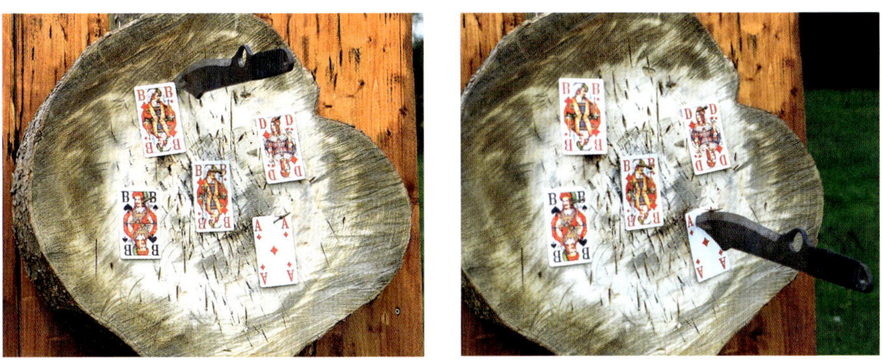

Beim »Mountainman-Contest« wirft man auf Spielkarten, die in einer festgelegten Reihenfolge zu treffen sind. Links ein einfacher »Cut«, rechts ein »Center Cut«.

Was auf alle Fälle klar ist: Fehlwürfe sind immer null Punkte, auch wenn du die Karte triffst – etwa mit dem Griff. Das Messer oder die Axt muss gültig im Ziel stecken bleiben. Und leider erhältst du ebenfalls einen »Nullinger«, sofern du zwar eine Karte triffst, aber leider die falsche. Die vorgegebene Reihenfolge ist strikt einzuhalten, allein schon, um Zufälligkeiten oder den berühmten »Lucky Punch« des Glückspilzes auszuschließen. Maximal lassen sich also mit einem solchen Wurfdurchgang 15 Punkte erreichen.

Diese Wettkampfrichtlinien geben zunächst einen groben Rahmen vor. Die einzelnen Disziplinen werden gerne von Veranstaltung zu Veranstaltung ein klein wenig variiert und modifiziert. Mal gibt es Wettkämpfe, in denen darüber hinaus Messerwürfe mit drei Rotationen gefordert werden, dann kann es auch sein, dass du mal mit einer anderen Karte beginnen musst. Mitunter kommt es auch vor, dass du im Wechsel ein Messer und dann direkt deine Axt zu werfen hast, was wiederum ebenfalls sehr anspruchsvoll ist. Doch wird immer mit dem vorgeschriebenen Westernmesser und dem Tomahawk auf die festgesetzte Anordnung der Spielkarten geworfen.

Uns Werfern macht diese Disziplin aus sehr naheliegenden Gründen außerordentlichen Spaß, denn auf diese Weise kann man sich in der Tat wie ein Westmann oder Scout in den Rocky Mountains des 19. Jahrhunderts fühlen.

25

Werfen – stets eine Sache der Nerven

Dieses Fazit reimt sich nicht nur, sondern es bewahrheitet sich zudem regelmäßig. Wie bei allen Sportarten ist selbstverständlich auch bei uns die sportliche und wurftechnische Vorbereitung in unserem speziellen Präzisionssport der Hauptaspekt des Trainings. Die meisten Wettkämpfer, die sich für unsere sportlichen Wettbewerbe anmelden, sind im Regelfall gut trainiert und können durch die Bank recht passabel werfen. Oftmals trennt sich jedoch die altbekannte Spreu vom Weizen weniger aufgrund des besseren werferischen Könnens einzelner Sportler, sondern hauptsächlich aufgrund deren Nervenstärke und Erfahrung.

Ich darf dir verraten, dass auch ich persönlich auf diesem Feld eine gewisse Aufholarbeit zu leisten hatte. Für dich hat das nun aber den großen Vorteil, dass ich heute beide Seiten gut kenne und dir damit eine Menge Kalorienaufwand und Frustration ersparen kann, wenn ich dich jetzt gleich ein wenig »auf die Reise« mitnehmen kann.

Interessanterweise war ich bei meinen allerersten Contests, das heißt zwischen den Jahren 2005 und 2008, kaum nervös, aber im Rückblick ist das für mich gut erklärbar. Ich war ein Neuling in der damals noch relativ überschaubaren Szene, fühlte mich weitestgehend unbeobachtet und hatte prinzipiell nicht viel zu verlieren. Ich dachte mir anfangs, dass in der Tat wesentlich bessere Teilnehmer am Start waren als nun ausgerechnet ich selbst zu diesem Zeitpunkt, und dass ich daher auch kaum Chancen auf den Sieg geschweige denn selbst nur das Treppchen hatte. Mein einziges Ziel war, einen guten Eindruck zu hinterlassen und am Ende nicht unbedingt die »rote Laterne« in der Hand zu halten.

Foto: istockphoto.com/Spanic

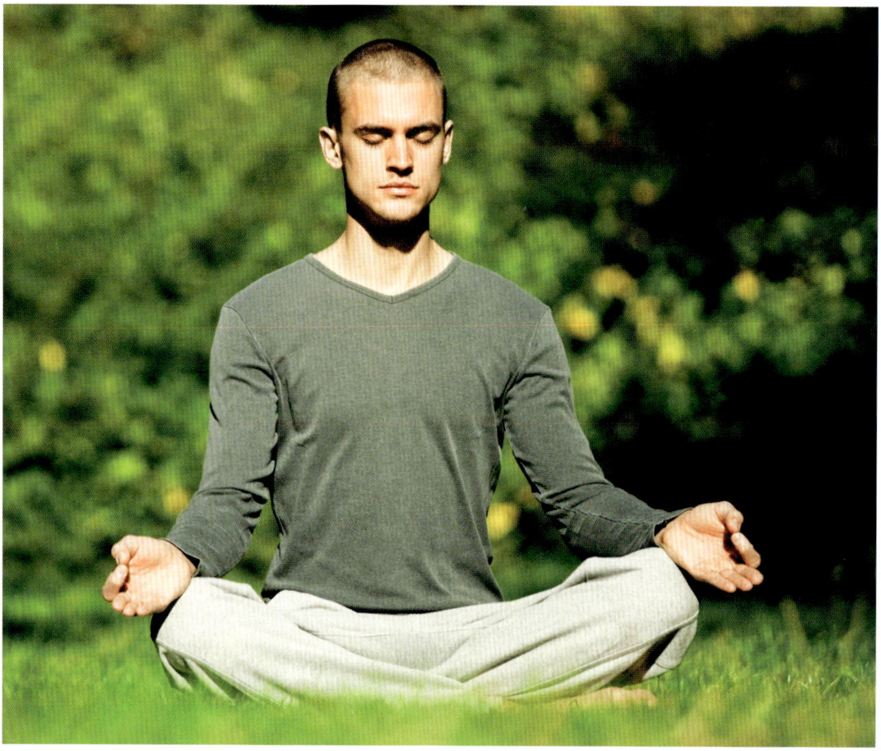

Meditationsübungen können helfen, die Konzentrationsfähigkeit zu verbessern. Gerade bei Wettbewerben ist das von großer Bedeutung.

Das hat auch alles soweit ganz gut geklappt, doch 2007 und 2008 konnte ich plötzlich in großen europäischen Werfercontests ziemlich überraschend vier Siege feiern, und dann ging es auf einmal los: Auftritt bei ProSieben in der Sendung »Galileo« unter dem Titel »Europas beste Messerwerfer« – noch im Zuge des laufenden Wettbewerbs – und sofort danach eine Anfrage für eine Live-Performance in einer Samstagabend-Westernshow beim Fernsehsender Sat 1. Die Ereignisse überschlugen sich also regelrecht.

Letzteres Projekt war eher eine gruselige Erfahrung, denn ich war auf diesem Segment noch vollkommen unerfahren und stand nun plötzlich nach Ansage des Showmasters live vor knapp 400 Menschen in einem vollbesetzten Fernsehstudio. Nur gut, dass mein Puls nicht ebenfalls live übertragen und gesendet wurde! Meine recht kurze Performance war zwar ganz okay, obgleich das mir zur Verfügung gestellte Material, sprich die Wurfwand, noch zahlreiche Wünsche offen ließ.

Absolut katastrophal war dagegen die vorherige Generalprobe, in deren Verlauf ich am liebsten im Erdboden versunken wäre. Ich hatte die Aufgabe, im ersten Durchgang aus einer Entfernung von sieben Metern (!) sechs Wurfmesser auf Spielkarten und Western-Steckbriefe mit einem »Wanted«-Bild des Showmasters zu werfen. Die Idee der Zielgestaltung kam von mir selbst, denn ich wollte sportlich orientiertes Werfen zeigen anstelle der altbekannten (und banalen) Varieté-Silhouetten-Nummer.

Die hölzerne Wurfwand stand mittig auf einem Rollpodest, so dass man sie rasch herein- und wieder rausfahren sowie umdrehen konnte. Diese Nummer hatte auch beim ersten Mal, einen Tag vorher, trotz »Vorführeffekt« angesichts des prominenten Showmasters, fehlerfrei funktioniert. Aber die lieben Leute von der Requisite machten nun in der Generalprobe bei der Distanzmessung den entscheidenden Fehler, das Maßband nicht am Wurfziel anzuhalten, sondern bereits am Sockel des Podestes – und damit einen ganzen Meter vor dem eigentlichen Ziel. Bereits beim ersten Ausholen, Anvisieren und Zielen in meiner Position hatte ich instinktiv das merkwürdige Gefühl, dass irgendetwas nicht stimmte, doch in einem Studio kann einem die Wahrnehmung der Abmessungen und Dimensionen auch mal einen Streich spielen.

Das Resultat kann man sich vorstellen: Ich machte meine Sieben-Meter-Würfe auf ein exakt acht Meter entferntes Ziel, und das konnte natürlich niemals gut gehen. Also passierten direkt vier Fehlwürfe unmittelbar hintereinander, bei denen die Messer akkurat mit dem Griff voran mit dreieinhalb Drehungen laut knallend auf das Zielholz krachten, und das Ganze natürlich vor versammelter Mannschaft und den Augen der anwesenden Prominenz! Dass sich am Ende meine Unschuld vor dem Hintergrund des Messfehlers herausstellte, hat dann meinem Nervenkostüm kaum noch geholfen, denn zunächst mal wollte ich nur noch »raus hier«!

Tausend Dinge gingen mir damals durch den Kopf: »Alle denken jetzt, der Kerl kann das überhaupt nicht!« – »Hoffentlich sehen nachher live nicht so viele zu!« – »Könnte man meinen Beitrag nicht einfach am Ende rausschneiden?« – »Ich verzichte auch auf die Gage.« – »Hätte meine Frau nicht wenigstens zu Hause bleiben können?« – »Das kann ja heiter werden!« Die Aufzählung könnte ich jetzt in dieser Weise noch eine Weile fortsetzen.

Ich hatte ein entsetzlich mulmiges Gefühl vor meinem Auftritt, und es ist einfach Unsinn, dass eine schlechte Generalprobe stets ein Omen für eine gute Show ist. Eine schlechte Probe lässt einen lediglich mit einer miesen Stimmung und Bauchschmerzen antreten, das ist die erbarmungslose, nackte Wahrheit! Glücklicherweise schlug ich mich in der Live-Show dann doch recht wacker, und bis auf einen kleinen Wackler mit dem Tomahawk war alles soweit in Ordnung, doch dieses Ereignis war prägend für mich.

Aus heutiger Sicht hatte ich natürlich aufgrund meiner fehlenden Erfahrung einige unnötige, aber entscheidende Fehler gemacht, die ich so nicht wiederholen würde und seitdem auch nicht wiederholt habe:

- Der wichtigste Punkt: Bei einer Live-Performance fängt man niemals sofort mit der schwersten Disziplin an (der Sieben-Meter-Distanz mit dem Messer zum Beispiel). Ein Hochspringer legt sich auch nicht beim ersten Versuch die Messlatte auf seine persönliche Höchstleistung, sondern tastet sich langsam an sein Top-Niveau heran. Das Ganze nach der Gesetzmäßigkeit »von leicht nach schwer«, und das muss der Zuschauer schlussendlich noch nicht mal merken. Am Ende sehen auf einer Bühne für das Publikum selbst kurze vier Meter Distanz ganz schön weit weg aus.
- Do it yourself! Entscheidende technische Vorbereitungsarbeiten darf man keinem Laien überlassen! Ich hätte persönlich die Distanz abmessen und erneut kurz vorher kontrollieren müssen. Auch die

Wurfwand hätte ich vorher mitkonstruieren und aufbauen müssen. Ich möchte aber nicht unter den Tisch fallen lassen, dass die Betreuer beim TV vor Ort stets absolut nett, zuvorkommend und ausnehmend freundlich waren, so dass man sich als Teilnehmer einer solchen Show wirklich wohlfühlen kann. Das sei nochmals ausdrücklich gesagt.
- Das Programm bestimme ich! Niemand weiß aus erster Hand besser, welche Showelemente sich aus dem sportlichen Werfen basteln lassen und wie man diese vernünftig und publikumswirksam aneinanderreiht.

Dieser kurze Auftritt im Spätherbst 2008 wirkte jedoch äußerst nachhaltig und hatte Konsequenzen: Mein Gedächtnis erinnerte sich in den folgenden Wettbewerben zuverlässig und vollkommen unbewusst an diese vermurkste Generalprobe und das unangenehm-mulmige Drücken im Unterbauch. Zwischen den Jahren 2009 und 2011 blieb ich somit im Wettkampf immer deutlich hinter meinem normal abrufbaren Leistungsniveau zurück. Der schlimmste Ärger ist ja schließlich der Ärger über sich selbst und macht die Sache damit nicht besser.

Zeitweise schlich sich das Gefühl ein, ich würde so langsam die Freude an meinem Sport verlieren. Und wenn mir als Sportler im Training zum Beispiel recht regelmäßig aus der Fünf-Meter-Distanz 90 Punkte und mehr gelangen, im Wettkampf dann aber keine 70 mehr, so erkannte ich, dass das nicht an meinem mangelnden technischen Können liegen konnte, sondern ganz eindeutig am Nervenkostüm.

Ich entdeckte den im Spitzensport nicht allzu seltenen Fachbegriff des »Choking Under Pressure«. Dieser Anglizismus heißt übersetzt nichts anderes als »unter Druck ersticken«, also der Leistungsausfall im Sport vor dem Hintergrund der nervlichen Belastung und nicht zuletzt aufgrund der (zu) hohen Erwartungshaltung an sich selbst.

Dieses Phänomen gibt es in nahezu allen Sportarten, wenn Wettkampfbedingungen und (vermeintlicher!) Druck herrschen: Der Top-Stürmer schießt seinen eigentlich sicheren Elfmeter meilenweit am Tor vorbei, der Weltklasse-Sprinter vermasselt den dritten Startversuch und wird disqualifiziert, der Turmspringer überdreht, verliert die Orientierung und landet mit dem Rücken zuerst im Wasser, der Boxer ist abgelenkt, lässt dadurch seine Deckung hängen und kassiert einen K.O.-Treffer. Und der Sportwerfer fühlt eben das leise Zittern in der Hand, seinen eigenen Herzschlag und fragt sich, was das nur für ein Gegenstand ist, den er da gerade festhält. Das Wurfresultat in einem solchen mentalen Zustand wird schnell zur reinen Glückssache. Ich wusste also, hier kommt echte Arbeit auf mich zu. Die Lösung hieß: Mentales Training.

Zurück im trauten Heim kam die elementare Frage auf: »Warum betreibst du diesen Sport überhaupt?« Die Antwort darauf in meinem Inneren folgte schnell und in einer Art Zwiegespräch: »Weil ich es kann, und weil es Spaß macht!« Rückfrage im Unterbewusstsein: »Und warum hast du dann nicht auch im Wettkampf einfach Spaß und entspannst dich dabei? Genauso wie zu Hause im Garten?« Meine Antwort (schon langsam etwas ungehalten): »Blöde Frage, weil es schließlich um etwas geht!« Erneute Gegenfrage und Statement: »So? Tatsächlich? Um was geht es denn schon großartig? Mal gewinnst du, mal wirst du vielleicht Dritter, manchmal auch nur Vierter oder Fünfter! Na und? Du kannst nicht immer ganz oben stehen, also lass einfach los und bleib locker.« Mein Kopf nun wieder, langsam etwas sauer: »Du hast gut reden, du stehst ja nicht da vorne und musst werfen!«

Der beste Tipp kam zum Schluss: »Und wenn schon! Wem musst du denn noch großartig etwas beweisen? Alle wissen, dass du gut werfen kannst, also hab einfach nur einen Riesenspaß vor dieser großartigen landschaftlichen Kulisse in toller Atmosphäre! Du bist hier unter guten Freunden!« Das hatte gesessen!

Seitdem ich diese wenigen, aber wichtigen Punkte verinnerlicht hatte, ging es im Jahr 2012 wieder bergauf, aber nun vollkommen entkrampft und spürbar unverbissen. Ich habe gelernt, mir Fehler zu verzeihen und sage mir in solch einem Fall, dass es dann eben in der nächsten Runde oder der kommenden Disziplin, vielleicht aber auch erst im nächsten Jahr wieder besser wird.

Ein großer internationaler Contest bietet derartig viele Chancen, da fällt eine »vergurkte« Serie in einer einzelnen Disziplin nicht allzu sehr ins Gewicht. Inzwischen kommt es in den Wettbewerben sogar vor, dass ich mich innerlich fast so entspannt fühle wie zu Hause beim Training im heimischen Garten, dass ich Freude daran habe, vor einer großen Zuschauerkulisse zu werfen und »abzuliefern« und in einigen Disziplinen mit völliger innerer Ruhe und ausgeglichen an den Start gehen kann.

Als Fazit solltest du dir bitte folgende Lehrsätze stets verinnerlichen und ein paar Mal im Kopf wie ein Mantra wiederholen:

1. Du kannst werfen, und es macht dir großen Spaß, völlig egal wo! Also lach doch gerne auch mal!
2. Als Wettkampfneuling: Kein Grund zur Aufregung. Du stehst nicht unter Beobachtung, denn du bist neu hier. Also entspann dich und sorge für einen guten Eindruck. Abgerechnet wird ohnehin immer erst am Schluss!
3. Für »alte Hasen«: Du hast bereits einige Highlights in der Vergangenheit gezeigt, du musst keinem mehr beweisen, dass du werfen kannst. Hab einfach nur einen Riesenspaß und genieße es! Du bist hier unter guten Freunden, und die Bühne gehört dir allein. Am Ende weiß schon nach einem Jahr ohnehin keiner mehr, wer wann welche Platzierung erreicht hatte.
4. Ein Fehlwurf ist kein Weltuntergang und passiert auch den Besten der Besten. Atme einmal tief durch, dann bleib locker und lass es einfach weiterlaufen! Es folgen ja noch viele Durchgänge, und dein Moment kommt ganz sicher noch. Du spürst deinen Herzschlag? Prima, denn du bist schließlich am Leben, und das macht dich wach und aufmerksam.
5. Jetzt atme dreimal tief ein und aus, dann nach dem letzten Ausatmen nur halb wieder einatmen und jetzt einfach drauflos werfen, so wie zu Hause. Fünf Meter sind auch hier nur fünf Meter!
6. Konzentriere dich jetzt nur noch auf das Ziel und dabei am besten auf die »Mitte der Mitte«, also auf einen kleineren Punkt »im Schwarzen«. So fokussiert ist die Wahrscheinlichkeit viel größer, die schwarze Zehn-Zentimeter-Scheibenmitte grundsätzlich zu treffen.

Beispiele mentaler »No-Go's« sind zum Beispiel Sprüche wie:

- Reiß dich zusammen!
- Jetzt kommt es drauf an!
- Jetzt musst du zeigen, wofür du ein ganzes Jahr trainiert hast!
- Second place ist the first loser!

Diese und ähnlich furchtbare Druckmacher und demotivierende Sprüche am besten auf einen Zettel schreiben, das Papier zerknüllen und dann hübsch symbolisch im Kaminfeuer abfackeln, denn nur dorthin gehören solche –sinnlosen – Imperative. Sie helfen niemandem, in keinster Weise.

Weiterhin gute und probate Hilfsmittel zum Abbau hinderlicher innerer Anspannungen sind erfahrungsgemäß kleinere lokale Wettbewerbe und Werfertreffen im übersichtlicheren Kreise, bevor es dann später auf größere Contests geht. Du kannst auch zusätzlich zu Hause beim Training einen Trainingspartner darum bitten, dich beim Werfen immer mal wieder zu filmen. Damit schlägst du drei Fliegen mit einer Klappe: Du sorgst erstens für eine künstlich erzeugte Spannung, an die du dich auf diese Weise langsam und spielerisch gewöhnst, zweitens für eine nette, bleibende Erinnerung an einen schönen Trainingstag, und zuletzt drittens für ein hervorragendes Instrument zur Fehleranalyse.

Um die Sache noch zu steigern, so bitte doch den gleichen Trainingspartner um den Gefallen, die Ergebnisse deiner Trainingsserie wie ein Wertungsrichter mit Klemmbrett direkt neben dir auf einem Blatt Papier zu notieren. Ich kann dir sagen, das fühlt sich beinahe an wie bei einem Wettkampf und sorgt dann später im tatsächlichen Wettbewerb für Ausgeglichenheit und innere Ruhe wie auch Routine. Eine vertraute, gewohnte Situation macht schließlich irgendwann nicht länger nervös. Oder ihr beiden werft nebeneinander die gleiche Serie als Mini-Wettkampf in einem kleinen Duell.

Ich würde mich freuen, wenn ich dir auf diese Weise einige Umwege erspart habe, die ich selbst unnötigerweise gegangen bin. Es bestehen hier, wie bereits gesagt, keine besonderen Unterschiede zu anderen Sportarten, in denen es auf Präzision und Technik ankommt.

Mentales Training und die Verinnerlichung elementarer Lehrsätze funktionieren zudem am besten in entspannter Atmosphäre. Probiere es mal in der Badewanne, während des Saunagangs, alternativ abends wahlweise mit einem Glas Wein vor dem flackernden Kaminfeuer oder auch kurz vor dem Einschlafen aus. Vergegenwärtige dir vor deinem inneren Auge die Wettkampfsituation und konzentriere dich darauf, wie du jetzt vollkommen gelassen, entspannt und voll freudiger Erwartung endlich werfen darfst. Wie die Zuschauer dir nach einer »Full-House«-Serie (drei »Bulls Eyes« hintereinander) applaudieren und der Schiedsrichter ein kurzes »nice throwing« konstatiert.

Erwarte jedoch keine Wunder von heute auf morgen. Der menschliche Geist ist ähnlich trainierbar wie ein Muskel, und du kannst ja auch nicht davon ausgehen, nach einem zweiwöchigen Training mit Gewichten wie Wladimir Klitschko auszusehen. Alles braucht seine Zeit, aber es ist sicherlich immer gut zu wissen, dass es sich lohnen kann.

26

Messerwerfen in den Medien

Wenn ich in einer stillen Stunde darüber nachdenke, in welcher Art und Weise die Kunst des Messerwerfens in der Vergangenheit und auch gegenwärtig in den Medien präsentiert wird, komme ich zu dem Resultat, dass da einiges an »Entwicklungshilfe« von unserer Seite zu leisten ist. Andererseits wäre freilich unser Sport mit den spannenden Wettbewerben und den sympathischen Menschen kaum zu dem geworden, was er heute ist, hätte das Messerwerfen nicht dank früherer Vorführungen in Shows oder in Abenteuerfilmen gerade auf diese Menschen einen solch beeindruckenden Einfluss gehabt. Davon nehme ich mich selbst überhaupt nicht aus.

Im Fernsehen herrscht beim Thema Messerwerfen häufig noch das alte Klischee des Silhouetten-Werfens vor. Doch auch andere Faktoren sind hier unberechenbar, da Medienmenschen fast immer Nichtkenner der Szene sind. Hier eine typische Darstellung, die bei den Dreharbeiten zu der Sendung »Kopfball« des WDR in Köln entstand.

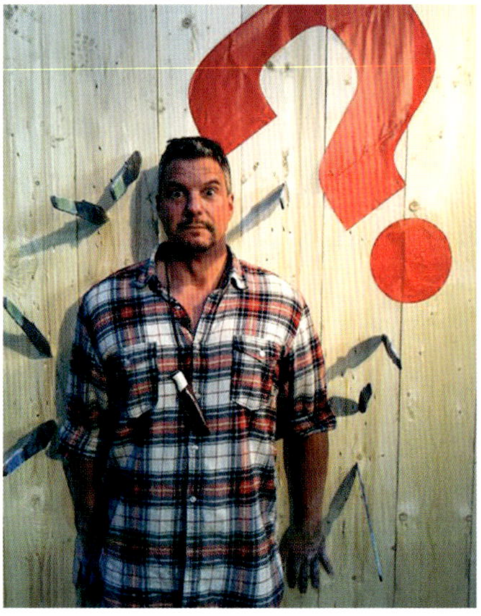

Als Kind prägten mich persönlich dabei weniger die Zirkusartisten, aber dafür insbesondere die präzisen Messerwürfe der Trapper, Cowboys und Indianer in den Wildwestfilmen, die scheinbar aus jeder Distanz mit gezielten Messerwurfaktionen ihre Gegner außer Gefecht setzten oder im Wettstreit auf Spielkarten werfen konnten. Und es gab weiterhin den legendären Tarzan, erfunden von dem US-amerikanischen Schriftsteller Edgar Rice Burroughs, der im tiefsten afrikanischen Dschungel aus der Deckung heraus raffgierige, mordlüsterne Wilderer mit einem treffsicheren Messerwurf ausschaltete. Offenbar war dieses Messer sogar höllisch scharf, denn erstaunlicherweise kennt man Tarzan nur glattrasiert. Das Messerwerfen wurde also stets entweder als eine Kampftechnik dargestellt oder aber alternativ als kurzweilige Unterhaltung der Filmhelden, gepaart mit ein wenig Nervenkitzel.

Auch die gegenwärtigen Hollywood-Kinoproduktionen bedienen sich noch immer gerne des Reizes des Messerwerfens, als Beispiel nenne ich die Filme »The Expendables«, »Gangs Of New York«, »Gladiator« (da war es sogar ein Schwert), »Stunde des Jägers«, »Tanz mit einem Mörder« oder die »Rambo«-Reihe. Und immer dann, wenn im deutschen Fernsehen ein Messer zu werfen ist, suchen die Produktionen gerne meinen Rat, allein um den Schauspielern die glaubwürdige und authentische Wurfbewegung zu zeigen und beizubringen, damit es im Endprodukt auch gut und realistisch aussieht. Den Wurf selbst steuere ich dann ungesehen aus dem Hintergrund bei, und am Ende sieht es für den Zuschauer exakt so aus, als hätte eben diese Filmfigur mal eben cool und lässig ein Messer dicht am Kopf des Kriminalkommissars vorbei in eine hölzerne Wohnwagenwand geworfen.

Wenn ich in der Gegenwart von verschiedenen Medienvertretern zum sportlichen Messerwerfen befragt werde, stelle ich dabei häufig fest, dass noch immer das Bild der leicht bekleideten Assistentin auf einer Drehscheibe in der Wahrnehmung meiner Zeitgenossen präsent ist. Dazu zählt auch die Anfrage einer TV-Produktionsfirma hinsichtlich der Teilnahme an einer neuen Wissenschaftssendung für Kinder und Jugendliche, in der die Kunst des Messerwerfens beleuchtet und wissenschaftlich betrachtet werden soll. Das entsprechende Drehbuch wurde mir vorab zugesandt, denn beim TV überlässt man selbstverständlich nichts dem Zufall. Eine Frage lautete mal wieder: »Wann haben Sie zum ersten Mal auf einen Menschen geworfen?«

Die Autorin der Sendung war in der Tat bass erstaunt, als ich ihr telefonisch erklärte, dass das bei uns Sportwerfern im europäischen Raum nicht üblich sei. Selbstverständlich beherrsche ich das Silhouettenwerfen ganz passabel, was nun wirklich nicht unsere schwerste Übung ist, denn die Distanzen dabei sind vergleichsweise gering (wie oben gesagt mindestens drei Meter im Wettbewerb). Doch wir Sportwerfer betreiben diese Disziplin eben unter rein sportlichen Aspekten, was die Beteiligung eines lebenden Menschen vor der Scheibe vollkommen ausschließt und uns eher auf das Konterfei von historischen Figuren oder Schauspielern zurückgreifen lässt. Es ist für uns in erster Linie ein beinahe demonstrativer und philosophischer Aspekt unseres Sports, dessen Friedfertigkeit, Gewaltlosigkeit und eben zuletzt Sportlichkeit auf diese Weise verdeutlicht und zum Ausdruck gebracht wird.

Sehr schön wurde diese sportliche Betrachtungsweise erstmalig vom Westdeutschen Rundfunk im Jahr 2012 in der Jugendsendung »Kopfball« ins rechte Licht gerückt. Die Sendung wollte genau zeigen, wie sich die Kunst des Messerwerfens erlernen und einüben lässt und worauf es dabei ankommt. Deutlich werden sollte auch, dass das schlichte und tausendfach wiederholte Silhouettenwerfen nur ein kleiner »Nebenschauplatz« des Messerwerfens ist, der aber in unserem Sport nur eine sehr untergeordnete Rolle spielt.

Die Autoren hatten gerade diesen letzten Teil der Sendung auch recht clever in Szene gesetzt, denn in der ersten Kameraeinstellung sieht es tatsächlich so aus, als wollte ich meine Messer um den Moderator herumwerfen. Ich hatte ihm vorher noch zur Bestätigung der »falschen Fährte« eine Augenbinde verpasst. Erst nach Auflösung der zweiten Einstellung sieht man dann, dass ich lediglich um eine Schaufensterpuppe herumgeworfen hatte.

Ich war sehr zufrieden mit dem Endresultat. Besser wurde unser Sport im Fernsehen bisher noch nicht erklärt und dargestellt, und insbesondere die Highspeed-Aufnahmen machen viele Aspekte des Bewegungsablaufs deutlich sichtbar.

Die Entwicklungshilfe zur richtigen Darstellung und Betrachtung unseres Sports in der Öffentlichkeit hat also gerade erst begonnen, ist jedoch schon auf einem guten Weg. Wir können natürlich nach einer Historie von rund 15 Jahren des Wurfsports in Europa noch keine Wunder erwarten, doch wir haben bereits einiges erreicht.

Es spielt selbstverständlich ebenfalls eine große Rolle, dass es bis vor kurzer Zeit noch keine nennenswerte Fachliteratur zum sportlichen Messerwerfen im deutschsprachigen Raum gegeben hat. Dieter Führer aus Schongau verfasste 2010 das erste empfehlenswerte Werk »Handbuch Messer- und Axtwerfen«, das unserem Sport hier in Deutschland ein Gesicht und eine Stimme gibt und bereits ins Englische übersetzt wurde. Was es davor zu lesen gab, kam entweder traditionsbedingt aus dem anglo-amerikanischen Raum oder entsprach leider nicht dem erforderlichen Niveau, um tatsächlich Hilfen und brauchbare Übungsanleitungen zu bieten.

Großes Interesse gibt es glücklicherweise immer wieder seitens der Printmedien. Für die Zeitung ist das Thema offenbar stets spannend genug, um nach verschiedenen Events und Wettbewerben zumindest lokal darüber zu berichten. Ich persönlich nutze jede dieser sich bietenden medialen Chancen, um unseren interessanten und spannenden Sport in der öffentlichen Wahrnehmung bekannter zu machen und ihn damit Schritt für Schritt ins rechte Licht zu rücken.

Diese Gelegenheiten hatte ich auch beim Westdeutschen Rundfunk (WDR), der mich freundlicherweise zu Beginn des Jahres 2015 kurz portraitierte und mir damit eine Plattform bot, das Messer- und Axtwerfen in kurzer Form vorzustellen. Wenige Wochen später folgte dann ein lustig-heiteres Live-Interview mit den Reportern des WDR vor dem Düsseldorfer Funkhaus in der Sendung »Daheim und unterwegs«. Diese Möglichkeiten sind für mein Empfinden extrem wertvoll, denn sie geben mir die Chance, das sportliche Waffenwerfen als genau das zu zeigen, was es letztendlich eben ist: Ein Sport. Nicht mehr und auch nicht weniger!

27

Die rechtliche Seite

»Zu den gefährlichsten Hieb- und Stichwaffen überhaupt zählen hochwertige Fleischer- und Küchenmesser! Vermeiden Sie daher nach Möglichkeit heftige Streitigkeiten in der Küche!«
(Zitat eines nicht ganz ernst gemeinten Ratschlags eines Vertreters der Polizei)

In Deutschland unterliegen der Besitz und das Führen von Messern noch relativ liberalen gesetzlichen Grundlagen. Seit 2008 gilt jedoch ein grundsätzliches Trageverbot von Messern in der Öffentlichkeit. Es greift, wenn die Klinge eines feststehenden Messers länger als zwölf Zentimeter ist (§ 42a des Deutschen Waffengesetzes). Klappmesser dürfen nicht einhändig aufzuklappen sein, wenn die Klinge über eine Arretierung verfügt. Dieses Trageverbot gilt allerdings nicht, wenn ein so genannter »sozio-kultureller Bedarfssachverhalt« vorliegt. Als solche kulturellen Ausnahmen gelten beispielsweise Schützenfeste in traditioneller Tracht mit Hirschfänger, die Jagdausübung, der Sport und damit natürlich auch unsere Werfer-Wettbewerbe.

Wurfmesser, die in der Regel ja keine scharfe Schneiden haben, werden grundsätzlich nicht als Messer, sondern als Sportgeräte angesehen. Sie unterliegen damit auch nicht dem Waffenrecht. Man darf aber nicht davon ausgehen, dass jedem Polizeibeamten diese feine Unterscheidung bewusst ist.

Für uns Sportwerfer heißt das im Klartext: Es gibt keinen nachvollziehbaren Grund, in einer belebten Fußgängerzone oder auf einem Volksfest ein griffbereites Wurfmesser an der Hüfte baumeln zu lassen. Darauf sollte man einfach verzichten, um keine Probleme zu provozieren. Sobald du dich auf einem privaten Grundstück oder Trainingsgelände aufhältst, spielt das gesetzliche Trageverbot keine Rolle. Für den Transport der Messer zum Trainings- oder Wettbewerbsgelände sollte man sie in einen Koffer oder ein anderes passendes Behältnis packen. Der Besitz von Wurfmessern ist zurzeit ohnehin weder strafbar noch genehmigungspflichtig. Äxte und Tomahawks unterliegen ebenfalls keinen Einschränkungen, für sie gilt auch kein Trageverbot.

In anderen Ländern wird das Thema Messer teilweise viel enger gesehen. Nachfolgend eine Übersicht über unsere wichtigsten Nachbarländer.

Österreich: Die Österreicher handhaben das Thema Messer extrem liberal. Hier gelten praktisch keinerlei Einschränkungen, über die man sich Gedanken machen müsste.

Frankreich: Die Franzosen haben inzwischen eine noch etwas größere Werfergemeinde als Deutschland und einen wachsenden Dachverband mit vielen kleineren Vereinen. Es gibt zahlreiche Weltklassewerfer in Frankreich, die seit dem Jahr 2008 einmal pro Jahr auch eine offizielle nationale Meisterschaft austragen. Das ist in Deutschland gegenwärtig

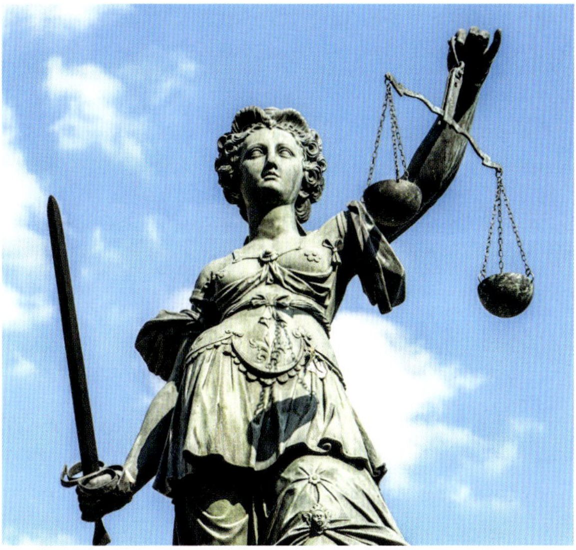

Foto: istockphoto.com/querbeet

Justitia, die Göttin der Gerechtigkeit, trägt als Sinnbild für ihre Unparteilichkeit stets Augenbinde (ohne Ansehen der Person), Waage (für den Richter) und das Richtschwert (Urteil).

noch nicht üblich. In Frankreich ist auf der anderen Seite das Führen feststehender Messer in der Öffentlichkeit ausnahmslos und komplett verboten. Für das Führen von Wurfmessern gibt es jedoch die Ausnahmeregelung der so genannten »artistischen Nutzung«. Liegt diese Form des Nachweises vor, so dürfen die entsprechenden Wurfwaffen auch besessen und somit dann – natürlich nur im sportlichen Training und Wettbewerb – geführt werden.

Italien: Das Gleiche gilt auch für unsere Freunde des Wurfsports im Land von Pizza und Pasta. Das Führen von feststehenden Messern ist dort gesetzlich verboten, und für uns Ausländer ist es bei der Einreise ratsam, eine Einladung des nationalen Verbandes für einen Wettbewerb mitzuführen. Alternativ gilt auch ein Mitgliedsausweis der »Eurothrowers«, den man gegen eine Jahresgebühr von zehn Euro bekommen kann. Beides wurde bisher zumindest immer als Nachweis der artistischen Nutzung anerkannt.

Großbritannien: Dort gelten für Messer sehr strenge Gesetze, die das Mitführen normalerweise absolut verbieten. Transportiere daher deine Wurfwaffen hier stets in einem abschließbaren Behältnis im Koffer oder Kofferraum, so dass weder du noch irgendwer anders eine direkte Zugriffsmöglichkeit darauf hast. Diese Regel gilt auch gleichermaßen für Frankreich und Italien.

Schweiz: Hier muss immer noch die größte Missions- und Aufklärungsarbeit geleistet werden, denn noch bis vor kurzer Zeit waren dort Wurfmesser generell verboten. Beim Verstoß gegen dieses Schweizer Waffengesetz drohten höchst empfindliche Geldstrafen. Nach den Europäischen Meisterschaften des Jahres 2013 im tschechischen Nivnice erwischte es einen Schweizer Sportwerfer bei seiner Heimreise: Dem Mann wurde ein Messer beschlagnahmt, und zusätzlich musste er eine Geldstrafe von umgerechnet 3000 Euro hinblättern! Dabei hatte er noch Glück, denn diese Geldstrafe galt eigentlich pro Waffe. Die Beamten fanden jedoch nur eines seiner Messer, die anderen beiden nicht. Es hätte ihn sonst das Dreifache gekostet.

Seltsamerweise war jedoch in der Schweiz der Besitz von Bajonetten und Äxten nie ein rechtliches Problem. Die Schweizer Werfer hatten sich daher über lange Jahre auf das Werfen mit Bajonetten spezialisiert. 2015 gelang den Schweizer Werferfreunden und deren Interessenvertretern jedoch der lang ersehnte Durchbruch: Der Besitz von Wurfmessern und das sportliche Messerwerfen sind keine illegalen Handlungen mehr. Jetzt müssen unsere eidgenössischen Sportfreunde nur noch dafür sorgen, dass auch Wurfmesser mit einer symmetrischen Klinge legalisiert werden, denn diese sind leider immer noch verboten.
Tschechische Republik: Vollkommen liberal und daher problemlos zu bereisen.

2008 geriet ich auf der Durchreise zu einem französischen Werfercontest nach Roquefavour (Provence) an der deutsch-luxemburgischen Grenze in eine Kontrolle. Ich wurde von der diensthabenden Beamtin freundlich gefragt, weshalb ich nach Luxemburg einzureisen gedachte. Das war durchaus eine legitime Frage, denn es war mitten in der Nacht.

Ich zeigte der Beamtin einen Ausdruck der Einladung meiner französischen Werferfreunde zu ihrem Wettbewerb. Sie fragte mich wiederum freundlich, ob ich denn auch meine Wurfmesser dabei hätte. Daraufhin antwortete ich – in meinem besten Schulfranzösisch –, dass sich diese in meinem Kofferraum befänden und ich sie auf Wunsch auch gerne vorzeigen könnte. Sie lächelte nur und gab mir zu verstehen, dass dies nicht erforderlich sei, sie mir aber viel Erfolg und Glück für den Wettkampf wünsche. Fazit: Mit Ehrlichkeit und Offenheit kannst du immer punkten.

28

Ein Blick in die Kristallkugel

Wir schreiben zum Zeitpunkt der Fertigstellung dieses Buches Dezember 2017. Innerhalb der vergangenen 13 Jahre nach Gründung des europäischen Dachverbands »Eurothrowers« ist die Zahl der Freunde des sportlichen Messer- und Axtwerfens und damit die Größe der Werfergemeinde in Europa enorm angestiegen. Auch die sozialen Medien bieten mittlerweile eine Plattform für den Austausch von Erfahrungen, für Materialbörsen, für den Dialog zwischen Neulingen und »alten Hasen« und für die Organisation kleinerer nationaler Werfertreffen sowie freundschaftlicher Wettbewerbe und Meetings. Allein die Facebook-Plattform »Messer- und Tomahawkwerfen in Deutschland« zählt bis heute weit über 400 Mitglieder. Dieser Anstieg an Interessenten und neuen Mitgliedern wirkt sich von ganz allein auch auf die internationale, sportliche Szene und Wettbewerbslandschaft aus.

Immer wieder kommen wie aus dem Nichts neue Top-Talente auf die Bühne des Wurfsport-Geschehens und liefern dort Weltklasseleistungen ab. Andererseits ist es schön, dass die alten »Haudegen« aus der Gründungszeit nach wie vor mit ihren Leistungen stets vorne mit dabei sind.

Zum Vergleich: 2005 waren beim ersten großen Europäischen Werfertreffen in der Westernstadt »Pullman City« gerade einmal 15 aktive Sportler am Start. 2014 fanden die ersten auf europäischem Boden ausgetragenen Weltmeisterschaften im französischen Callac in einem vollbesetzten Stadion vor insgesamt 4.500 Zuschauern statt. Über 170 Werfer wetteiferten dabei um den Titel.

Eine Entwicklung ist daher klar zu erkennen, zum einen im Hinblick auf die stetig wachsende Zahl der Wurfsportler, zum anderen auch hinsichtlich der Qualität der Leistungen. Wie in allen anderen Sportarten auch, so steigert sich das sportliche Niveau der Werfer-Elite zusehends. Resultate, die noch vor fünf Jahren souverän zum Gewinn eines internationalen Wettbewerbs ausgereicht hätten, lassen den Teilnehmer inzwischen beinahe um die Qualifikation für die Finalteilnahme zittern.

Ab 2014 wurde es in Anbetracht der hohen Teilnehmerzahlen erforderlich, einen zusätzlichen Tag einzuplanen, damit die Qualifikationswettkämpfe überhaupt zeitlich möglich waren. Seitdem werden die Wettkämpfe bereits am Freitagmorgen gestartet und enden erst mit den letzten Siegerehrungen am späten Sonntagnachmittag. Außerdem wurde auch das Regelwerk in Europa so vereinheitlicht, dass für alle Wettbewerber in jedem europäischen Land die gleichen Regeln gelten, was noch in der Mitte des vergangenen Jahrzehnts nicht der Fall war.

Ich denke, dass unser Sport voraussichtlich niemals olympisch werden wird, aber vielleicht irre ich mich da auch. Das Gleiche dachte man schließlich auch einmal von den Trendsportarten Snowboarden, Mountain-Biking, Beach-Volleyball oder Skateboard. Doch ich lehne mich sicher nicht zu weit aus dem Fenster, wenn ich die WM-Teilnehmerzahl in rund zehn Jahren auf mindestens 300 Werferinnen und Werfer schätze.

Das bedeutet, dass wir ab diesem Zeitpunkt den zeitlichen Rahmen noch weiter ausdehnen müssen, um alle Teilnehmer berücksichtigen zu können. Oder alternativ die Einführung einer Qualifikationsnorm, um überhaupt an einem großen internationalen Event wie einer Europa- und gar Weltmeisterschaft teilnehmen zu dürfen. Solche Normen gibt es in anderen Sportarten auch, und sie sorgen dort für eine höhere Qualität der sportlichen Leistung.

Um diese Normen einzuführen, würden zukünftig nationale Wettbewerbe notwendig werden, in denen die entsprechenden Leistungen gezeigt werden müssen. Titelträger und Finalisten des vorhergehenden Jahres könnten sich stets automatisch qualifizieren, um es mit der Bürokratie nicht zu übertreiben, denn das ist in anderen Sportarten genauso.

Diese Gedankenspiele sind momentan noch Zukunftsmusik, und alles unter 200 Teilnehmern lässt sich derzeit innerhalb von vier Tagen, mit straffer Organisation, gutem Wetter sowie bei einem ausreichend großen Wettkampfareal problemlos bewerkstelligen.

Bis heute fanden große und offizielle internationale Wettkämpfe in folgenden Ländern statt: Frankreich, Italien, USA und Kanada, Tschechische Republik, Großbritannien, Ungarn und zuletzt auch mehrmals in Deutschland. Bisher noch relativ unbeteiligt im europäischen Raum sind die Niederlande und Belgien (derzeit nur je ein aktiver Wettkämpfer). In beiden Ländern gibt es jedoch ein äußerst restriktives Waffengesetz, das den Aktiven das Leben schwer macht. Ebenfalls recht mager sieht es in Spanien, Österreich und den skandinavischen Ländern außer Finnland aus. In Ungarn beginnt sich ebenfalls eine wachsende Werferszene zu etablieren.

In Russland gibt es seit vielen Jahren eine vergleichsweise große Gemeinde mit zahlreichen aktiven Werferinnen und Werfern. Leider ist derzeit jedoch dort die Einreise mit unseren Wurfwaffen großen behördlichen Einschränkungen unterworfen, so dass sich in diesem Land bislang noch kein großer internationaler Contest organisieren ließ. Aber wie man am Beispiel der Schweiz erkennen kann, so höhlt ein steter Tropfen nicht nur Stein, sondern auch manch zähen, grauen Behördenbeton.

Je bekannter unser Sport und dessen Regelwerk wird, je mehr unsere Sportlerszene an Mitgliedern und Fans gewinnt, desto leichter lassen sich verkrustete Verordnungen und gesetzliche Bestimmungen auf längere Sicht zu unseren Gunsten lockern. Es lohnt sich für jeden Wurfsportler, daran aktiv mitzuwirken.

29

Ein Schlusswörtchen

Nun ist es also soweit: Ich habe es hoffentlich geschafft, auch dich persönlich mit dem Virus des sportlichen Messerwerfens zu infizieren. Ich würde mich sehr freuen, wenn du erkennen konntest, wie viel Freude es machen kann, zu unserem Club der verrückten Stahlwerfer zu gehören.

Am Ende dieses Buches angekommen, möchte ich dich nochmals eindringlich bitten, beim Üben und Trainieren zu erkennen: Geduld ist der Schlüssel! Geduld, dazu noch Freude, eine positive Einstellung und ein entspannter Geist. Nach einer gewissen Zeit wirst du feststellen, dass die Werferei dir am Ende viel zurück gibt. Der Aufwand zum Losstarten ist nicht hoch, weder finanziell noch in Hinblick auf das Training. Die Bewegungsfreude draußen an der frischen Luft und positive Trainingserlebnisse werden dich bestimmt überraschen.

Wir Sportwerfer sind umgängliche und unkomplizierte Gesellen, daher zögere bitte nicht, bei weiteren Detailfragen (die sich vielleicht durch den Inhalt dieses Buchs noch nicht beantworten ließen), einen von uns oder mich selbst zu fragen, sei es über die sozialen Netzwerke, per Mail oder Anruf. Wir helfen immer gerne weiter.

Und wenn du dich irgendwann fit genug für einen unserer Wettbewerbe fühlst, dann nur zu! Melde dich einfach an, fahre zum Ort des Geschehens, und wir sehen uns dort! Wir alle werden dich willkommen heißen in unserer Mitte und in unserer Welt des fliegenden Stahls.

Der Autor

Peter Kramer, Jahrgang 1964, ist Messer- und Axtwerfer aus Leidenschaft. Seit 2005 betreibt der ehemalige Kunst- und Turmspringer und Karate-Schwarzgurtträger diesen ungewöhnlichen Sport im europäischen Dachverband »Eurothrowers«. Er konnte unter anderem sechs Siege in den Europäischen Meisterschaften der Messer- und Axtwerfer sowie zahlreiche Final- und Podiumsplätze für sich verbuchen. Der Höhepunkt seiner bisherigen sportlichen Karriere war der Weltmeistertitel im Jahre 2015 mit der Wurfaxt. Dazu kam im gleichen Jahr ein WM-Bronzeplatz mit dem Wurfmesser.

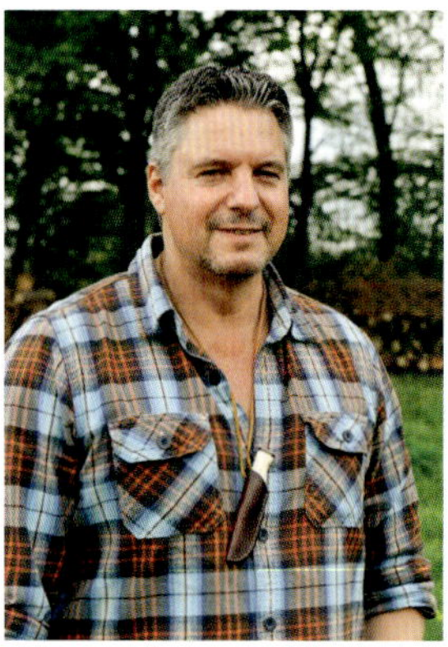

Peter Kramer ist ein häufiger Gast im deutschen Fernsehen, wo er bei Bedarf für verschiedene TV-Produktionen (»1, 2 oder 3«, »Kopfball«, »Countdown – die Jagd beginnt«, »Danni Lowinski«, »Galileo Fake Check«, »Wilsberg«) Vorführungen als Messer- und Axtwerfer zeigt und auch beratend als Experte zur Seite steht.